Félix Varela

Frases de Sabiduría

«Ideario»

COLECCIÓN FÉLIX VARELA Nº 11

EDICIONES UNIVERSAL, Miami, Florida, 2000

FÉLIX VARELA

FRASES DE SABIDURÍA

«Ideario»

Prólogo: Mons. Agustín A. Román
Obispo Auxiliar de la Arquidiócesis de Miami

Selección y Edición: Dr. Rafael B. Abislaimán

Copyright © 2000 by Rafael B. Abislaimán

Primera edición, 2000

EDICIONES UNIVERSAL
P.O. Box 450353 (Shenandoah Station)
Miami, FL 33245-0353. USA
Tel: (305) 642-3234   Fax: (305) 642-7978
e-mail: ediciones@kampung.net
http://www.ediciones.com

Library of Congress Catalog Card No.: 00-102727
I.S.B.N.: 978-0-89729-921-3

Composición, arte y diagramación: Jorge A. Fernández
Net Technologies Corporation

Diseño de la cubierta: Rogelio Zelada

Ilustraciones:
Plumillas de «Cuba with Pen and Pencil» de Samuel Hazard, 1871 - Editorial Cubana, 1989
Plumillas y Retratos de Félix Varela por: Martínez, Leclerc, Rodiz-Peinado,
G. Esturo, Valderrama, Asís, Menocal, Gay García, Teok Carrasco y otros.
Retratos de Monumentos y Placas: Cobelo, Smit y Abislaimán.

A Ana Rosa Núñez
Cristiana. Cubana de intelecto y corazón.
Bibliotecaria servicial a quien tantos somos
deudores. Murió en el exilio.

Contenido:

Prólogo 9
Introducción 13
Breve Biografía del Padre Félix Varela......... 19

Selecciones de:
Instituciones de Filosofía Ecléctica
Lecciones de Filosofía............................ 25
Miscelánea Filosófica............................. 37
Observaciones sobre la Constitución Política 53
de la Monarquía Española....................... 69
Manual de Práctica Parlamentaria.............. 85
El Habanero.. 89
Cartas a Elpidio Tomo I.......................... 109
Cartas a Elpidio Tomo II......................... 127

Tomadas de artículos y libros de otros autores:

Revista Cubana, Francisco González del Valle.. 141
Revista Bimestre Cubana, (cartas inéditas), Francisco González del Valle.................... 145
El Fígaro. Dos entrevistas con el Presbítero Félix Varela, Alejandro Angulo Guridi........ 151
El Padre Varela, Antonio Hernández Travieso... 155
Félix Varela. Obras. Tomo II, Torres-Cuevas, Ibarra y García................. 159
Vida del Presbítero Don Félix Varela, José Ignacio Rodríguez......................... 169
Índice Alfabético-Temático....................... 187

PRÓLOGO

Hace veinte y cinco años escribía yo el prólogo para El Habanero, "papel político, científico y literario", redactado por el Padre Félix Varela y publicado, como libro, por la Revista Ideal. Entonces se reunieron seis números del periódico, los disponibles en 1974. Posteriormente fue encontrado, en la Biblioteca de la Universidad de Yale, el séptimo y último número de El Habanero que también fue publicado en la Revista Ideal. Aquella humilde edición está hoy totalmente agotada, por ello, en 1997 Ediciones Universal reprodujo y completó El Habanero en una nueva edición.

Cuando el Dr. Rafael Abislaimán me presenta el manuscrito de su libro "Félix Varela, Frases de Sabiduría", y solicita de mí un prólogo para el mismo, reconozco la actualidad y magnitud del esfuerzo por él realizado y me situa veinte y cinco años atrás en el prólogo del El Habanero. Félix Varela sigue dando frutos. Decía yo: "Una semilla es pequeña, comparada al árbol que sale de ella, pero sin la semilla no tendremos nunca el árbol que nos dará las flores que perfuman y los frutos que alimentan. No hay árboles sin semillas, ni cosechas sin siembras". "Un sembrador, el Padre Félix Varela, en el terreno duro de un destierro regado con sus propias lágrimas, sembró la semilla de la libertad cubana..."

"Hay épocas en que los hombres parece que duermen. Épocas en que los hombres no piensan, no descubren los grandes valores". Félix Varela fue el maestro y quiere ser el despertador de la persona y de un pueblo. Así lo reconoció don José de la Luz y Caballero cuando lo llama: "el que primero nos enseñó a pensar". Así lo reconoció José Martí cuando lo llama "patriota entero". En cualquier lugar de este libro podemos descubrir a Varela, pues es él quien nos habla. Él está en la verdad, la razón, la justicia, la libertad, la misericordia, el compromiso, la responsabilidad, en resumen, él es patria y él es fe. Él está junto a la virtud y el amor. Es fácil de encontrar, pero, hay que querer encontrarlo.

Sus escritos llaman a la reflexión y fortalecen la conciencia; su magisterio dedicado y profundo, nos prepara en el servicio; su vida coherente, sencilla y humilde, a mantenernos alerta; su sabia prédica, nos orienta. Este "Ideario" puede ser muy útil para todo aquel que quiera estar despierto y desee pensar, hasta llegar a pensar como el que nos enseñó a pensar. Esperamos que así sea.

La tarea de leer tantas obras importantes de Félix Varela y seleccionar de ellas cientos de Frases de Sabiduria, es tarea difícil y llena de riesgos, pero también muy meritoria. El editor nos aclara que esta obra debe motivar estudios más extensos, él comprende que por su amplitud, la personalidad del Padre Varela es un tema inagotable. El Dr. Abislaimán se inicia con nuestro personaje a través de las peregrinaciones a San Agustín, allá por 1980. Por unos años yo dirigía esas peregrinaciones para visitar el mausoleo donde reposaron los restos del Padre Varela en el cementerio Tolomato, despues no pude continuar pero Abislaimán ha mantenido viva la tradición y se sintió motivado a estudiar más porfundamente al Padre Varela. Por años fue mi dentista hasta que decidió "jubilarse" y tener más tiempo para trabajar sin ganar dinero. Ha escrito muchos artículos y ofrecido conferencias sobre Félix Varela y otros temas históricos, Rafael Abislaimán no pretende ser un experto vareliano pero sí un estudioso. En la Breve Biografía del Padre Félix Varela y Morales que inicia esta obra, nos presenta una idea global del personaje cuyo pensamiento vamos a explorar. Pero antes es muy recomendable leer la Introducción, estas primeras páginas están llenas de información para el mejor uso del texto.

Mucho ha adelantado el conocimiento y la apreciación del Padre Varela en los últimos 25 años desde la publicación de El Habanero. Por ello cierto crédito debemos otorgar a los entusiastas directivos y socios de la Fundación Padre Félix Varela de Miami, cuyo Presidente fundador fue el Dr. Abislaimán. Entre las variadas actividades y logros de la Fundación se incluyen la ininterrumpida continuación de las peregrinaciones a San Agustín ya mencionadas, la publicación de libros, los concursos literarios, la Peña Vareliana mensual, la emisión de un sello postal de los Estados Unidos con la efigie del Padre Varela, el monumento al mismo en la calle Coral Way y la 95 avenida y la exitosa gestión ante el Miami-Dade County School Board de darle el nombre de Félix Varela a un nuevo Senior High School.

En la visita de S.S. Juan Pablo II a Cuba en enero de 1998 destacó la importancia del Padre Varela en su discurso en la Universidad de La Habana. Entre sus referencias, lo llamó "Padre de la cultura cubana", que: "se dedicó a formar personas, hombres de conciencia, que no fueran soberbios con los débiles ni débiles con los poderosos".

El proceso de beatificación y canonización del Padre Félix Varela y Morales está en los caminos de Dios y como todo lo humano y divino, necesita de la oración nuestra y del favor del cielo. A nuestras plegarias por el aprovechamiento en la lectura y utilización de esta obra, uno mi bendición con el ruego a la Virgen de la Caridad, Patrona de Cuba, para que presente las necesidades del pueblo cubano ante el trono celestial.

        Monseñor Agustín A. Román
        Obispo Auxiliar de la Arquidiócesis de Miami

Por Federico Martinez

INTRODUCCIÓN

Es necesario leer esta Introducción para poder obtener una verdadera utilidad de este libro. Frases de Sabiduría del Padre Félix Varela es un cruel trabajo de síntesis, impuesto por una mútiple realidad, mezcla por una parte de los pobres hábitos de lectura y por otra de lo difícil de encontrar la mayoria de los textos a que hacemos referencia.

La vida y la obra de Félix Varela viene adquiriendo un nuevo y merecido reconocimiento. "Lo habíamos perdido y lo hemos encontrado". Nuevos estudios y biografías, tanto en Cuba Isla como en Cuba Exilio, nos permiten acercarnos a Varela y conocerlo mejor. Todos los autores citan algunas de sus frases, llenas de patriotismo y certeros análisis. Otros reproducen sus escritos, orientadores, realistas y trascendentes, mientras otros, más científicos, investigan su genealogía y precisan detalles de su vida. La obra que les presento no pretende mostrar la evolución de su pensamiento, pero sí la amplitud del mismo. El pensamiento de Varela tiene una base muy sólida y pienso que los cambios básicos fueron pocos pero de un dilatado desarrollo. Esta es una obra práctica y breve que viene a cubrir una gran necesidad, esta es, encontrar en un solo lugar un respetable número de citas del Padre Varela, sin necesidad de localizar y consultar cada uno de los escasos originales. No he contado el número de las frases, pero estoy seguro que son varios cientos.

Al revisar el "Contenido" de este libro, se nota que la orientación es cronológica y no temática, para esto último tenemos el índice. Comenzamos en 1812 y terminamos en 1853 con su última profesión de fe. Cada capítulo está claramente definido por la primera página del libro y edición respectiva. Hay que mantener esto en mente porque las referencias numéricas entre paréntesis se refieren al libro y edición que inicia cada capítulo. Las citas no numeradas pertenecen a la página de la cita anterior. De las obras de otros autores, solo se toman las frases de Varela. Creo haber escogido las frases más destacadas de cada obra del querido Presbítero, pero comprendo que mi juicio puede no ser compartido por otros estudiosos. De todas maneras, este esfuerzo está hecho con la mejor buena voluntad y pensamos que pueda motivar y facilitar estudios más extensos.

Recordemos que las Instituciones de Filosofía Ecléctica, publicado en latín en 1812 "para uso de la juventud estudiosa", abunda en reglas y aclaraciones sobre juicios y métodos. "Toma de todos cuanto la razón y la experiencia aconseja como norma", pero igualmente hace notar su "profundo amor y reverencia al eminente Santo Tomás de Aquino, a cuya sabiduría no regateo mis alabanzas". Desde un principio sienta sus bases: la fe, la razón, la experiencia, la naturaleza. Más adelante en las Lecciones de Filosofía nos muestra sus conceptos sobre el individualismo, las pasiones, la música y comienza su enfrentamiento al fanatismo. En la Miscelánea Filosófica, abunda y profundiza en todo lo anterior y sobre la dirección del espíritu. Ataca la escolástica pero aboga por las "reflexiones pacíficas". En esta Miscelánea se destaca la parte sobre el "Patriotismo". Los tres estudios finales de la Miscelánea muestran la amplitud de su cultura. En estos primeros diez años de trabajo creador, la influencia de Félix Varela se desarrolló en el aula del San Carlos, en el Púlpito, en la Sociedad Patriótica de Amigos del País y en su producción literaria y filosófica. Este período se cierra en 1821 con la Cátedra de Constitución, su obra Observaciones sobre la Constitución Política de la Monarquía Española y su elección como Diputado a las Cortes. En las Observaciones nos habla de libertad, de derechos humanos, de la soberanía, la justicia, la ley y la irresistible voz de la naturaleza. Siempre abrazado a la verdad y todo expuesto con el amor de un sabio aunque sólo tenía 32 años.

Despues de su "corta pero azarosa" experiencia legislativa viene al exilio en los Estados Unidos de Norteamérica. Sus primeros esfuerzos son para "hacer un servicio a los nuevos estados americanos". La traducción del Manual de Práctica Parlamentaria es un regalo a los países hermanos que se safaban del yugo español. La verdad sobre Cuba se muestra en el periódico El Habanero, en él, quiere Varela preparar al pueblo para la independencia, pero poco a poco comprende que primero tiene que preparar al hombre y entonces surgen las Cartas a Elpidio. Tanto El Habanero como las Cartas a Elpidio son las obras más importantes y populares de Félix Varela. Hoy su obtención es fácil y económica; la lectura de estos libros nos muestra a Félix Varela en su totalidad y los prólogos nos aclaran temas y situaciones. Las "Cartas" fueron publicadas en dos tomos separados (1835-1838), por eso en las referencias, la paginación de cada tomo es independiente. Este "Ideario" ofrece un material apropiado de estas dos grandes obras, pero invito al lector a consultar los originales para su mayor deleite.

Dos enfoques muy distintos, uno hacia afuera y otro hacia adentro se notan en los artículos de la Revista Cubana y de la Revista Bimestre Cubana. En la primera trata de la Independencia de las Américas, en la segunda, en sus Cartas Inéditas, de sus sentimientos íntimos. Posiblemente sus últimas notas son las aparecidas en el album de Angulo Guridi de El Fígaro.

Son varias y muy buenas las biografías de Félix Varela, en todas se mencionan muchas de sus frases, pero sólo he usado algún material de estas cuando no ha sido posible encontrar el tema en los originales a nuestro alcance, por ello es breve la cita de la obra de Hernández Travieso y, la de José Ignacio Rodriguez nos sirvió como resumen de diversos trabajos. Sin duda, un gran logro son los tres tomos "Félix Varela, Obras", de Torres-Cuevas, Ibarra y García, (La Habana 1997) de ellos hemos usado el Tomo II donde aparece un variado material entre 1823 a 1834. Esta obra es citada varias veces por Mons. Carlos Manuel de Céspedes en su "Aproximación biográfica del P. Félix Varela" (1998). Otras dos biografías muy apreciadas son "El Legado del Padre Varela" de la profesora Perla Cartaya Cotta (1998), y la de los norteamericanos Joseph and Helen M. McCadden, "Felix Varela Torch bearer from Cuba", ya en su tercera edición en inglés (1969-1984 y1998); y próxima a su primera edición en español.

Mi experiencia en el estudio del Padre Varela se limita a los últimos veinte años, pero he tratado de hacerlo con bastante profundidad. Son muchas las personas que me indujeron a andar este camino. Curiosamente, el inicio se produce en la relación paciente/doctor en mi oficina dental; Monseñor Agustín A. Román, la Dra. Mercedes García Tudurí y Ana Rosa Nuñez fueron fuentes de información y estímulo, sin estas tres grandes almas no hubiera podido hacer ni el primer artículo sobre Félix Varela. Gracias a la Dra. Ondina Arrondo del Miami-Dade Public Library Hispanic Branch, pude leer por primera vez las "Cartas a Elpidio". Por aquellos años tuvo que pedir el libro a Texas pues no se podia obtener en Miami. Por suerte, hoy las Cartas a Elpidio están en todas las Bibliotecas de Miami-Dade. Para la consulta de los libros citados en el "Contenido", fueron muchas y largas mis visitas al Otto Richter Library de la Universidad de Miami, donde siempre recordaba la generosa ayuda de Ana Rosa Nuñez y podia contar con los servicios de un competente personal y las inteligentes sugerencias de Esperanza Bravo de Varona y de Lesbia de Varona. Para ellas mi mayor reconocimiento. En el Otto Richter tuve la oportunidad de revisar muchos "microfilms" de la obra de Varela en inglés, pero decidí no utilizar ese material.

Esta obra ha sido posible gracias a la cooperación y sugerencias de muchas y queridas personas: Eloisa mi esposa ha dedicado innumerables horas a la revisión del texto, esta es una obra tan mía como de ella. Marta Fernández Morrell también revisó el texto a pesar de sus problemas de salud. Muy atinadas las sugerencias del Padre Felipe Estévez y la ayuda técnica y apoyo de Francisco Javier Müller. Fueron instrumentales en la selección de grabados, la obtención y organización de dibujos y fotos, Armando Cobelo y Marc Smit. El propósito de las frecuentes ilustraciones es mantener visualmente vivas las raíces de la cubanía y el recuerdo de Varela a través de grandes artistas. El arte y diagramación fue una combinación de amor y pericia técnica por el joven "vareliano" Jorge Fernández. Al amigo y dedicado Rogelio Zelada le debemos la cubierta. Esta es la tercera cubierta que Rogelio nos realiza para un libro del Padre Varela. Gracias muy especiales a los amigos y compañeros de la Fundación Padre Félix Varela por el entusiasmo y continuada responsabilidad en llevar adelante nuestra labor de divulgación de la vida y obra del Padre Varela. Reconocemos al P. Rafael Escala y a la recordada Dra. Mercedes García-Tudurí como promotores de la Fundación.

Solo el profundo amor de Mons. Agustín A. Román por la obra del Padre Félix Varela es capaz de lograr unas horas de su ocupada agenda para la confección del prólogo que me honra. Me uno a los lectores de las "Frases de Sabiduría" para darle a Monseñor las más expresivas gracias.
Ponerlo todo junto con sentido y ponerlo al alcance del público con elegancia necesita un profesional. Para ello hemos contado

con Manolo Salvat y el Editorial Universal; la experiencia puesta al servicio de la cultura cubana. Gracias a todos, particularmente a usted amable lector por su interés en este "Ideario". Esta es una contribución al espíritu de renovación jubilar ante el nuevo milenio.

El Padre Félix Varela en el patio
del Seminario San Carlos.
Oleo de Gervasio Esturo

Breve Biografía del
Padre Félix Varela y Morales

La Habana, 20 de noviembre de 1788.
San Agustín, Florida, 25 de febrero de 1853.

Hijo del militar español Francisco Varela y de la santiaguera María Josefa Morales; es nieto por línea materna del teniente coronel Bartolomé Morales. Huérfano de madre en la temprana niñez, pasa Félix al cuidado del coronel cuando éste es Jefe de Plaza en San Agustín, Florida. Allí recibe la influencia espiritual e intelectual del R. P. Miguel O'Reilly, Vicario de la Florida.

El historial de la familia hace que a los doce años el joven reciba el ofrecimiento de ingresar en la Academia Militar. Su respuesta ha quedado para la historia en la frase: "yo quiero ser soldado de Jesucristo, mi designio no es matar hombres sino salvar almas".

De regreso a La Habana, ingresa en el Colegio Seminario de San Carlos y San Ambrosio, donde se distingue como estudiante de brillantes dotes. Ordenado sacerdote en 1811, su personalidad y sólida formación hacen que el Obispo Espada lo nombre, el mismo año, profesor de Filosofía. Su mentor el R. P. Agustín Caballero, ve en el joven sacerdote la ampliación de sus propias ideas de eclecticismo filosófico.

El rápido desarrollo del nuevo profesor, produce apreciables frutos en publicaciones en latín y es Varela el primero en enseñar y publicar libros de Filosofía en español. El aula del renovador maestro se hace cada día más popular. Además de Filosofía, enseña Química, Física y Retórica. Su cátedra congrega estudiantes como: José de la Luz y Caballero, José Antonio Saco, Gaspar Betancourt Cisneros, Felipe Poey, José María Casal, Domingo del Monte, Nicolás M. de Escobedo, Manuel González del Valle, Cristóbal Madan y muchos otros ilustres.

Su libro "Lecciones de Filosofía" fue texto oficial en diversas Universidades y Seminarios a través de toda hispanoamérica. A solicitud del Obispo Espada, Varela inicia la Cátedra de Constitución, la primera en la América Hispana: "una Cátedra de la libertad y de los derechos del hombre".

Su amor por la verdad y la justicia, la positiva proyección de su pensamiento y la precisión de sus palabras, reflejaban la entereza de sus convicciones y lo profundo de su fe. El futuro mostraría su influencia en la formación de los estudiantes. Por eso de él diría José de la Luz y Caballero: "mientras en Cuba se piense, habrá que recordar a aquel que nos enseñó a pensar".

El Presbítero fue elegido Diputado a las Cortes Españolas y parte para España en Abril de 1821. Días antes publica una carta de despedida en que, presintiendo su difícil destino, decía: "un hijo de la libertad, un alma americana, desconoce el miedo".

La participación de Varela en la Legislatura es copiosa. Integra las comisiones de Instrucción pública y de Ultramar. Presenta un proyecto de ley que prácticamente concedía la autonomía a Cuba, Puerto Rico, Filipinas y otras posesiones españolas. Con ello trata de promover la creación de una mancomunidad de naciones hispanas y muestra su visión de estadista. En una segunda proposición de la Comisión de Ultramar, el legislador Varela recomienda el reconocimiento de la independencia de países sur americanos y el desarrollo de relaciones comerciales basadas en los lazos comunes de lengua, historia y cultura. Ambos proyectos fueron derrotados en las Cortes; quizás eran demasiado avanzados para la época, pero pusieron de relieve el genio y la preocupación de quien, deseando evitar el sacrificio de vidas españolas y nativas, prevé la derrota final de España en Sur América, tal y como sucedería un año más tarde en las batallas de Junín y Ayacucho.

Otro importante proyecto que no se llegó a discutir, fue el de la abolición progresiva de la esclavitud. En él decía: "Desengañémonos; constitución, libertad e igualdad son sinónimos; y a estos términos repugnan los de esclavitud y desigualdad de derechos". A decir de José A. Saco, Varela fue el primer antiesclavista cubano.

Las Cortes fueron disueltas por los invasores franceses de acuerdo con el Rey de España Fernando VII. Varela, posteriormente condenado a muerte, escapa a Gibraltar y embarca para New York a donde arriba en el mes de Diciembre de 1823.

Reside en Filadelfia por un tiempo donde traduce al español el "Manual de Práctica Parlamentaria" de Thomas Jefferson, como un servicio a las nuevos estados hispanoamericanos y la obra de agricultura del sabio inglés H. Davy. El Presidente de México, Guadalupe Victoria, antiesclavista como Varela, desea que éste venga a su país y al efecto le facilita el pasaporte y un barco para su traslado a Veracruz, pero Varela declina la invitación y comienza a publicar El Habanero, "papel político, científico y literario". El primero de su clase en español en los Estados Unidos. El periódico llega a Cuba y fue objeto de persecución, pero sus páginas circulaban de mano en mano y fijaron en el corazón de los cubanos la idea independentista y la confianza en sus propios esfuerzos para realizarla. En el tercer número el Padre Varela nos dice: "yo soy el primero que estoy contra la unión de la Isla a ningún gobierno y desearía verla tan Isla en política como lo es en naturaleza".

De nuevo en New York es asistente al párroco de la Iglesia St. Peter, el primer bautizo con su firma es del 24 de febrero de 1825. En corto tiempo su dedicación sacerdotal se hace notar. Comienza su incursión en la prensa católica en inglés. Edita "The Youth Friend" y colabora en el recién iniciado "The Truth Teller". Son tiempos con dificultades étnicas y religiosas, cuando la ciudad tenía tres Iglesias Católicas y cinco o seis sacerdotes. Con la ayuda de sus amigos compra su primera Iglesia: Christ Church.

La escuela y la creche no se hicieron esperar. Por esos años, varios de los discípulos de Cuba visitaron al Maestro y él cooperaba con José A. Saco en "El Mensajero Semanal" y la "Revista Bimestre".

Al ausentarse el Obispo Dubois, los sacerdotes Powers y Varela son nombrados Vicarios. La alarma cunde en España y la correspondencia diplomática con el Vaticano se anticipa a la posibilidad de que Varela pueda ser nombrado Obispo de New York, posición a la que nunca tuvo aspiraciones.

Funda las Iglesias de St. James y de la Transfiguración, permaneciendo en esta última. La ciudad atraviesa una grave epidemia de cólera y Varela no sale de los hospitales atendiendo a los más necesitados. Los irlandeses llegan por millares y él los protege. Trabaja contra el alcoholismo. Es el polemista católico más efectivo en una época de pugna religiosa con los protestantes, a quienes llama: "los hermanos que disienten de nosotros".

Varela asiste como asesor teológico a Concilios en Baltimore. Organiza conferencias públicas sobre doctrina católica. Consuela en Boston a piratas españoles. En 1837 es nombrado Vicario General de la Diócesis de New York. Contribuye a más publicaciones y estando su parroquia en un área de pobres e inmigrantes, su piedad lo lleva a extremos de regalar su único abrigo y los cubiertos de su mesa.

En 1835 publica su obra cumbre: "Cartas a Elpidio", sobre la impiedad, la superstición y el fanatismo en sus relaciones con la sociedad. Cada una de las cartas conserva independencia dentro de un armónico marco que forma un avanzado tratado ético con profundo sentido patriótico. Son una incitación a la juventud a superarse apoyados sobre la base firme de la creencia religiosa y resultan una progresiva conciliación de la ilustración y la libertad de conciencia con la moral y la religión.

Su delicado estado de salud lo obliga a retirarse a San Agustín, Florida, donde por un tiempo continúa su trabajo pastoral dejando a su paso profundas huellas de amor. Junto con el párroco R. P. Aubril visitaba el Cementerio Tolomato, donde reposaba el R. P. O'Reilly y su tía Rita Morales. Allí descansaría el Padre Varela -tan cerca de Cuba como pudo- y años después vendría José Martí a Tolomato para rendir tributo a quien llamó "patriota entero" y "Santo Cubano".

Félix Varela aparece en la historia como eslabón cronológico entre Carlos III, personificador del poder real español y José Martí, el Apóstol de la Patria idealizada. Carlos III muere al mes de nacer Varela y éste fallece al mes de nacer Martí.

La memoria del Presbítero siempre servirá de ejemplo y ojalá la predicción martiana se convierta en feliz realidad y sea Félix Varela el primer Santo Cubano.

Por Teok Carrasco

INSTITUCIONES
DE
FILOSOFIA ECLECTICA

PUBLICADAS PARA USO DE LA JUVENTUD
ESTUDIOSA

TOMO I

LOGICA

POR

FELIX VARELA *y Morales*

TEXTO LATINO

TRADUCCION CASTELLANA
POR
ANTONIO REGALADO GONZALEZ   *1952*

CULTURAL, S. A.
LA HABANA

Por Gay García

INSTITUCIONES DE FILOSOFÍA ECLÉCTICA

...¿acaso hemos nacido para cosas tan pequeñas que nos pueden asustar las grandes? (12)

Creo, en fin, que solo se demuestra filósofo y debe ser considerado como tal, quien persigue única y exclusivamente la verdad y la estrecha, por decirlo así, entre sus brazos desde dondequiera que la encuentra... (14)

La palabra Filosofía deriva del griego y significa exactamente *amor de la sabiduría*. (18)

- Del verdadero concepto de la lógica.-

Yo, por mi parte, creo que sólo pueden avanzar con paso firme por el camino de la verdad quienes, sacudiéndose el polvo de una inveterada ceguera y prescindiendo de las opiniones de los hombres, tienen para sus pesquisas por impulso y guía a la naturaleza, obra brillantísima del divino Hacedor. (28)

- Del entendimiento.-

...el entendimiento es una facultad sometida a las pasiones, a los sentidos y a los hábitos, factores los tres que han de ser enmendados y corregidos para que contribuyan debidamente a la averiguación de la verdad. (31)

- De la imaginación. Reglas.-

"Ninguna cosa, por muy útil que se la estime, debe ocupar persistentemente nuestra imaginación." (33)

La obsesión imaginativa por un motivo dado, aparte de que puede acarrear locura, trae consigo otros graves inconvenientes...

"Mientras la necesidad no lo exija, no debemos representarnos por la imaginación cosa alguna que no exista en la naturaleza."

"Cuando sea necesario imaginar algo, irá por mejor camino el que más interés ponga en imitar la naturaleza." (34)

"No siempre es verdadero lo que la imaginación nos presenta, por lo que se ha de someter el juicio de sus funciones a una repetida comprobación de los sentidos y al juicio de los demás."

El Templete

- De la memoria. Reglas.-

"Al tratar de retener la doctrina de los autores, no debemos atenernos en modo alguno a las palabras por ellos empleadas, concediéndoles en todo caso una mínima importancia." (35)

"No confiemos tan exageradamente el estudio a la memoria, que lleguemos a eliminar el propio raciocinio y el imprescindible trabajo personal, ya que de ese modo solo conseguiremos recargar la mente en vez de ilustrarla." (36)

"Los medios de perfeccionar la memoria son el ejercicio y el orden." (37)

- De la atención y de la reflexión. Reglas.-

"No se debe prestar atención a la vez a diferentes aspectos de un mismo objeto ni pasar de un aspecto a otro sin un detenido examen del anterior."

Por M. Rodiz-Peinado

"Es todavía más censurable atender simultaneamente a varios objetos distintos, saltando con rapidez de unos a otros."

"Sé parco en las abstracciones, y al entregarte a ellas nunca pierdas de vista la naturaleza." (38)

- Del ingenio y del juicio. Reglas.-

"Las obras del ingenio deben caracterizarse por la simplicidad, por la uniformidad y por la congruencia." (39)

"En el campo de las ciencias es fútil toda obra del ingenio que no tenga por norma la experiencia y la naturaleza." (40)

"Una práctica irreprochable de la lógica es la mejor norma del juicio."

- De los signos de las ideas. Reglas.-

"Es equivocado creer que entendemos las cosas porque haya palabras que las representan." (45)

"Se debe aplicar a las palabras una discriminación tan rigurosa como a las ideas, evitando el peligro de ambigüedad que se deriva de expresar varias ideas por un mismo término."

"Se debe empezar por la determinación del sentido de las palabras, deduciéndolo o de la naturaleza de las cosas o del contexto."

"Se ha de tender siempre a la brevedad y a la sencillez en el empleo de las palabras." (46)

- De la corrección de los sentidos. Reglas.-

"Es necesario vigilar la salud de los sentidos y precisar bien la distancia de los objetos para no sufrir error en las percepciones." (46)

- Del análisis mental.-

Para poder conocer a perfección las cosas no debemos considerar indiscriminada y simultaneamente todas sus partes, sino que hemos de examinarlas en consideración sucesiva, partiendo de las de más fácil percepción, comparándolas entre sí, uniéndolas y desuniéndolas, para observar su conveniencia o

Santo Angel

disconformidad, hasta conseguir el conocimiento exacto del conjunto. (48)

-De los errores de los juicios.-

La voluntad, perturbada por sus inclinaciones, nos arrastra muchas veces al error, pues con demasiada frecuencia creemos ver en la naturaleza lo que llevamos en el deseo. (59)

Por Asis

"No investigues las cosas que te consta que están sobre la capacidad humana de percepción. Si no te constara así, trabaja sin desesperanza, pero insiste muy poco en lo inútil o poco útil y no apartes la atención de lo verdaderamente útil y necesario." (60)

"Puesto que la vida es breve, procura la ciencia útil y necesaria para ti y para la sociedad." (61)

"Respecto a las novedades, no conviene ni rechazarlas en absoluto ni seguirlas con apasionamiento, pues lo primero te haría más estúpido y lo segundo más arrogante."

"Los juicios formados en momentos de agitación pasional debes someterlos a revisión cuando hayas recuperado la tranquilidad del ánimo."

"Rige tu espíritu, porque es de tal naturaleza que manda si no obedece".

"Combate las dificultades desde su principio, ya que es muy difícil preparar una medicina adecuada a males que el tiempo ha hecho crónicos."

"Concede suma importancia al cultivo de la razón. Donde ella florece es menor el ímpetu y predominio de las pasiones, que se desarrollan más facilmente con la ignorancia."

"No desprecies el ingenio de nadie, ni a nadie tengas por un oráculo, pues los imperitos tienen su ciencia y los doctos sus errores." (62)

"En resumen, estos son los únicos medios de adquirir la verdad: la *fe* para las cosas divinas, y la *razón* y la *experiencia* para las humanas."

- El arte de la crítica.-

...un buen sentido crítico nos permite más bien alabar las obras que censurarlas. (64)

En el discernimiento de los hechos históricos se han de tener presentes, con especialísimo interés, los testimonios que dan fe de lo sucedido y la propia naturaleza de los hechos.

"En cuestiones científicas es mayor la autoridad de un solo sabio que la de muchos ignorantes." (68)

Tumba de Colón

- De los monumentos.-

Los monumentos o concuerdan con la historia o la contradicen o nada prueban, debiéndose determinar en cada caso, por razón de los tiempos y lugares y de otras circunstancias, si son producto de la veneración o de la adulación a los príncipes o del miedo a los tiranos. (72)

"Los monumentos erigidos bajo el gobierno de un tirano, contra la realidad y el sentido de la historia, ni merecen fe ni expresan la voluntad de los pueblos. A los tiranos se les erigieron estatuas y otros monumentos que los pueblos desearían ver devorados por el fuego."

"Los monumentos confirmados por la historia merecen insuperable crédito." (73)

- De las obras originales del ingenio.-

...la hermosura que percibimos en alguna hipótesis procede de su conformidad con la naturaleza, esto es, de ser *experimentales, simples y uniformes*. (75)

En lo referente a la integridad de los libros, se ha de observar que estos son tanto más genuinos cuanto más se acercan al autógrafo o a su época.

- Del raciocinio. Deberes de los arguyentes.-

Querría de todas veras llevar al ánimo de los arguyentes que la crueldad de algunos en las discusiones y las agudezas y gracias de mal tono con las que procuran ganarse los aplausos de la indocta plebe, son recursos enteramente fútiles y despreciables para las personas de recta conciencia y para los verdaderos filósofos. (89)

- Del método en el estudio.-

Quien desee aprovechar en el estudio practique estas normas:
1ro.- Despójese de toda clase de prejuicios y hágase la idea de que nada sabe.
2do.- No lea muchas cosas a la vez, sino mucho de cada cosa. (93)

Hay quienes creen que saben más si han leído muchos autores aunque no hayan entendido a ninguno, dando la impresión de que tratan más que de leer libros de devorarlos. (94)

Se ha de evitar no menos la tendencia opuesta, el servilismo de entregarse a un solo autor rehusando la consulta de otros.

Por A. Menocal

- Del uso y abuso de la razón.-

Todos advertimos que existe dentro de nosotros un algo que nos alecciona en cada momento de la vida, una especie de fuerza que combate el error y tiende al conocimiento de lo verdadero. (97)

La autoridad, cualquiera que sea, nos comunica sus enseñanzas, o expresamente, o de modo indirecto, por indicaciones que hemos de interpretar. (99)

"La propia razón nos aconseja que obedezcamos a la autoridad divina en lo referente a la fe y a las buenas costumbres."

"La autoridad de los Santos Padres en Filosofía es la misma que la de los filósofos en los que se inspira." (100)

La autoridad humana. "Es nula, respecto a cuestiones sobre la naturaleza, toda autoridad que no se apoye en la razón, y por lo mismo no es la condición del autor sino la verdad de la doctrina la que debe provocar nuestro asentamiento."

"La sabiduría del que enseña nos ha de servir de estímulo para sobrepesar las cuestiones con el mayor cuidado antes de admitir su falsedad. El prestigio de los sabios no puede llegar hasta paralizar y oprimir nuestro entendimiento." (101)

El ignorante atiende con respeto y presta sumiso acatamiento a las lecciones del sabio; ¿y se lo vamos nosotros a negar a Dios, fuente infalible de la sabiduría? (102)

"Abusa de la razón quien pretende comprender con ella las cosas sobrenaturales." (103)

"Creer en verdades reveladas no arguye debilidad sino sabiduría."

"También abusa de la razón el que se entrega con exceso a cosas poco necesarias o inútiles y el que abandona lo necesario para dedicarse a lo superfluo."

Se equivocan, pues, por completo los hombres cuando atribuyen a enseñanzas de la naturaleza, lo que solo es producto de la soberbia y de otras pasiones humanas. (104)

La voz de la razón es pacífica, constante, ordenada; la de las pasiones, por el contrario, es ardiente, inconstante, precipitada y tumultuosa.

- **Diversas proposiciones para ejercicio de los principiantes.-**

Lo que la Filosofía ecléctica pretende es tomar de todos cuanto la razón y la experiencia aconsejan como norma, sin adscribirse pertinazmente a ninguno. (106)

Por lo que respecta a Santo Tomás creo que se puede entender a perfección sin estar imbuído en las inútiles minucias de la escolástica...Doctor tan eminente, por el que siento en lo más íntimo de mi espíritu un profundo amor y reverencia y a cuya sabiduría no regateo mis alabanzas.(109)

Es tal la índole de la naturaleza humana, que los hombres cambian corrientemente de opinion según las circunstancias de tiempo y lugar, de modo que la continuidad del general asentimiento no existe más que cuando se trata de verdades evidentes; por lo que tales verdades deben considerarse como leyes de la naturaleza. (112-113)

BIBLIOTECA DE AUTORES CUBANOS
24
OBRAS DE FELIX VARELA

FELIX VARELA

LECCIONES

DE FILOSOFIA

Tomo Primero

EDITORIAL DE LA UNIVERSIDAD
DE LA HABANA
1961

LECCIONES

DE

FILOSOFIA

POR EL

Presbítero Don Félix Varela

QUINTA EDICION
CORREGIDA Y AUMENTADA POR EL AUTOR

Tomo Primero

NUEVA YORK
IMPRENTA DE DON JUAN DE LA GRANJA
Nº 49 Liberty Street
1841

LECCIONES DE FILOSOFÍA

...un maestro debe hablar muy poco, pero muy bien, sin la vanidad de ostentar elocuencia, y sin el descuido que sacrifica la precisión. (12)

La gloria de un maestro es hablar por boca de sus discípulos.

...pues desde que hubo hombres se dirigieron por la luz de la razón para adquirir conocimientos, y fueron filósofos antes de pensar en serlo. (17)

- Tratado de la Dirección del Entendimiento.-

Mientras más consideremos esta materia, más evidente se hará que nuestros conocimientos empezaron por el de un solo individuo; que todas nuestras primeras ideas son *individuales,* y que la idea de conjunto es muy posterior. (28)

No conocemos la naturaleza si no conocemos individuos.

... conviene no tener una cosa siempre en la imaginación, por más útil que sea; porque esto además de fatigarnos, y dañar muchas veces la salud, ocupa de tal modo nuestra mente, que no la deja reflexionar con acierto. (54)

En las ficciones debemos siempre observar la naturaleza para imitarla, y no figurarnos que todo lo que nos presenta la imaginación es verdadero.

La memoria se cultiva *ordenando las ideas, como están sus objetos en la naturaleza, y ejercitándonos en repetirlas.* (56)

La exactitud del raciocinio depende absolutamente del análisis de la idea de donde queremos inferir otra, y así no pueden darse más reglas que las indicadas para analizar bien. (57)

En cada momento hemos conocido, que el medio de saber, es seguir la naturaleza, y que ésta nos enseña a observar detenidamente y en orden los objetos; en una palabra, nos enseña a analizar. (58)

Las palabras deben conservar *sencillez, brevedad, claridad y precisión,* pues un lenguaje en estas circunstancias, siempre será perceptible. (59)

... *el arte de traducir es el arte de saber.* (62)

... un hombre sin pasiones quedaría reducido a un ser inerte, para el cual ni las ciencias, ni las artes podrían tener el menor atractivo, ni merecer el menor estudio. Mas si las pasiones son desarregladas, trastornan todas nuestras ideas... (69)

... sólo el desarreglo, y no la intensidad de la pasión, suele ser obstáculo a nuestros conocimientos.

Es por tanto una equivocación creer que todo el que discurre apasionado discurre mal, y hacen una injuria a la razón los que para indicar que alguno se extravía en sus discursos, dicen que está apasionado.

... la más leve falta en su examen nos expone unas veces a clasificar de inexactos los más sublimes pensamientos del hombre apasionado, y otras nos conduce insensiblemente a los más funestos errores, por no advertir los lazos que tienden las pasiones a la razón para aprisionarla. (72)

... el verdadero filósofo es aquel que sólo busca la verdad, y la abraza luego que la encuentra, sin considerar de quienes la recibe... (73)

... es muy despreciable el hombre que odia a otro porque tiene distintas ideas.

No podemos saber sino analizando, y la definición es un resultado del análisis, siendo el término de nuestro trabajo o de los conocimientos adquiridos, y no el medio de adquirirlos. (76)

Mas es preciso confesar que las cosas que están sujetas a los extravíos del corazón humano, no siguen siempre un orden constante. (97)

"Sobre los hechos admirables y extraordinarios debe dudarse, aunque los refieran personas íntegras, mayormente si el asunto es de tal naturaleza que pudo muy bien haber equivocación en el que observaba o carecer éste de la instrucción necesaria".

La meditación bien ordenada es la que forma un hombre juicioso... La práctica de pensar bien es la que forma los grandes pensadores. (106)

El gusto, por tanto, se ejercita en elegir entre las cosas ciertas y buenas las que más convengan, y entre las circunstancias que adornan un objeto, aquellas que más contribuyen a su belleza y gracia. (107)

Por Leclerc

En la lectura debe haber moderación, porque si se practica precipitadamente, se conseguirá devorar lo libros, por decirlo así, y concluir una obra voluminosa en pocos días; pero el aprovechamiento será poco y tal vez ninguno. (114)

Suele creerse que es un sabio el que ha leído mucho, y éste es un juicio el más inexacto, pues la verdadera ciencia es fruto de la meditación y del buen enlace de las ideas, que no se adquiere por una extensa lectura.

Siempre que emprendamos un estudio, conviene figurarnos que es fácil, o que a lo menos, sus dificultades no son insuperables. (116)

... nadie conoce mejor que el filósofo los límites de su razón, y por el contrario los ignorantes *con visos* de sabios son los que creen que todo lo saben, y que su entendimiento es juez competente en todas materias y sin reserva alguna. (123)

... estoy buscando perlas, pero esa que usted dice que ha encontrado, no la admito, *porque es la perla.* ¿Quién no se reiría de ese lenguaje?.

El fanatismo siempre es producido por la irreflexión y la soberbia, impidiendo aquella el conocimiento de las diversas relaciones de los objetos, y ésta el saludable riego de los buenos consejos, que apaga la tea destructora. (125)

El pedantismo es una enfermedad general de que todos adolecemos más o menos, y que necesita una cura continuada, pues si se interrumpe, nos encontramos nuevamente contaminados sin pensarlo. (129)

Procuren los jóvenes meditar mucho y disputar poco si quieren rectificar su espíritu... (137)

-Tratado del Hombre.-

Los filósofos prefieren sus ideas a la naturaleza, queriendo que ésta se arregle a aquéllas. (175)

... yo me creeré afortunado evitando por una feliz ignorancia un error perjudicial. (199-200)

Todos conocen que es natural procurarse el bien y huir del mal; pero la variedad que hay en clasificar las cosas en el orden de buenas y malas, ofrece un objeto interesante a las investigaciones filosóficas. (203)

En una palabra, la economía de la vida orgánica y la animal es el fundamento de la diversidad de pasiones. (209)

Cuando juzgamos posible conseguir un bien y evitar un mal, nuestro espíritu se complace, pero no reposa ni da una entrada franca a la alegría. Semejante estado constituye la *esperanza*. (210)

Cuando se presenta un mal grave y que no podemos evitar, suele producir una perturbación del espíritu, que totalmente se embrutece e incurre en los mayores desaciertos, renunciando el hombre hasta su existencia, porque no espera encontrar medios de remover la desgracia, y a esto llamamos *desesperación*. (211)

La envidia suele ser causa de la ira, e influir prodigiosamente en las operaciones más atroces. Lo mismo diremos de la soberbia por la que el hombre quiere sobreponerse a todos sus semejantes. (213)

...para ser un buen apasionado es preciso ser un buen pensador. (216)

Hay ciertas teclas, que movidas siempre encuentran cuerdas en el corazón del hombre que correspondan con la mayor exactitud. Al filósofo le toca investigarlas por una observación diaria; busquemos a los hombres por su interés y los encontraremos. (218)

Lo que vemos no puede excitarnos sino por las ideas que formamos, mas la música nos conmueve sin referirla a objeto alguno determinado. (223)

El que oye un concierto no recuerda idea alguna, y se contenta con la simple percepción de la armonía y melodía, aunque no sepa en qué consiste cada una de estas cosas. (223-224)

La música tiene entrada libre en el corazón humano, las almas sensibles la acogen con entusiasmo, y a la verdad es preciso tener un espíritu muy frío y estéril para no recibir sus impresiones.

La música ruge, se enfurece, se alegra, se entristece, sin presentar objeto alguno, y sin necesitar intérprete, pues lo es el alma que reconoce unos signos...

El imperio de la palabra es tan grande, que muchas veces domina más nuestro espíritu que los mismos objetos. (226)

El filósofo tiene que estar prevenido para correr estos velos con que muchas veces se cubre el error, y para conocer los resortes que en diversos casos de la vida humana mueven nuestro corazón, y le inclinan hacia distintos objetos, sin conocer muchas veces la causa que nos conduce y el término a que aspiramos.

La novedad en los objetos es una de las causas que excitan las pasiones humanas... La experiencia prueba esta verdad; todo lo nuevo tiene observadores atentos y partidarios decididos. (227)

Un joven es preciso que reciba las doctrinas de Pitágoras por las manos de Newton, y a veces conviene que este mismo filósofo se haga oír por la boca de otros inferiores en mérito, pero que son más de moda por ser de nuestro siglo. (227-228)

¡Cuántas veces un hombre se deja arrastrar de una pasión solamente porque advierte en los otros el empeño de contenerle! (228)

El objeto que se odia, cada vez merece nuevo odio, y por la fuerza nunca llegará a ser amado.

Procuremos variar los intereses, variar con destreza las circunstancias, trastornar el plan de las ideas dándoles nuevo giro, y la victoria es segura... (229)

Por tanto, debe tenerse como un medio de fomentar las pasiones el seducir al hombre dándole una autoridad que no tiene, pues todo lo que nos autoriza nos agrada; y al contrario, es un medio de moderar las inclinaciones hacer que se perciban las cosas como ellas son en sí, y arreglándolas a la razón.

Del deseo de la superioridad proviene la prevención que se tiene sobre todos los que la ejercen y el influjo que tiene en nuestro espíritu el abatimiento. (230)

Nunca parece más amable la patria que cuando se abandona y se vive lejos de ella.

La dificultad en conseguir una cosa suele encender el deseo de poseerla, y luego que parece muy fácil se minora la pasión. (231)

Raro es el hombre que no se compra con el oro, raro es el honor que no se adquiere por la venalidad. (232)

El que roba, el que hiere, el que engaña a otro, conoce por luz natural que estas acciones son malas, porque le serían muy sensibles si se hicieran respecto a él. (241)

...existe un derecho de la naturaleza cuyo código no es otro que el mismo conjunto de los seres, cuyo legislador es el autor de todos ellos, y cuyo intérprete no es otro que la razón. (242)

El amor de sí mismo debe ser superior al que el hombre tiene a sus semejantes, pues aunque son de una misma dignidad de naturaleza, concurre la circunstancia de ser propia esta naturaleza individual, y la razón dicta que entre dos cosas iguales, una propia y otra ajena, nos inclinemos a la que nos es propia.

Por Augusto G. Menocal

... y cuando los hombres, según acontece muchas veces, cuidan mucho más de su cuerpo que del alma, proceden contra la recta razón y el derecho natural. (243)

Por derecho natural, todos los bienes, antes de entrar en el dominio de algunos, son comunes; pero luego que alguno legítimamente por su industria o por título justo los posee, pide la recta razón que no se les despoje de ellos, pues que uno adquiere un derecho natural a los frutos de su trabajo y desvelo, como asimismo a todo aquello que la naturaleza le ha dado privativamente. (243-244)

Lo único que decimos es que en la suposición de ser necesaria al bien social la muerte de un malhechor, que por sus crímenes la merece, puede imponérsele. (245)

El hombre adquiere una inclinación constante al bien y un hábito de conformar sus operaciones a la razón; a esto llamamos virtud. (254)

La amistad sin interés es una quimera; amistad *por solo interés* es la compra de un individuo, y la venta de un afecto.(260)

Todo el que ama es porque quiere ser amado y porque recibe un placer en amar; éste es su interés; además, muchas ocasiones espera que la persona apreciada teniendo los mismos sentimientos, opere cuando llegue el caso, como operaría el que aprecia. Sin estos vínculos no hay amistad. (261)

La virtud que nos hace arrostrar los peligros y sufrir los males, según el dictamen de la recta razón, se llama *fortaleza*. Si se acomete contra el dictamen de la razón se llama *temeridad*... (262)

Parece más racional decir que el varón fuerte debe sentir los males, pero no dejarse dominar de ellos; que en él tienen lugar la pasiones pero no un imperio; usa de su naturaleza como de un medio para hacer brillar su virtud y no se deja abatir por los impulsos de la naturaleza. Se alegra, se entristece, se llena de ira y de compasión, teme y confía; mas en todos estos actos es dueño de sí mismo. Tal es la idea de un hombre fuerte. (263)

La naturaleza impone al hombre la ley de hacerse feliz perfeccionándose; de aquí debe inferir que está obligado a no separarse de las fuentes de estas perfecciones que es el estado social. (267)

Los individuos de una sociedad tienen un derecho a los frutos de su industria y trabajo. Toda usurpación es contraria a la naturaleza, pues el que ha producido algo, auxiliando a la naturaleza, o valiéndose de sus recursos, parece que esta misma madre común le autoriza a la posesión de semejantes frutos. (269)

Es un delirio creer que puede reinar entre los hombres una comunidad de bienes, pues todos no concurren igualmente a su producción y diversificándose estas causas productivas en su actitud y efectos, deben distinguirse en sus derechos a semejantes frutos.

...un perezoso nunca tendrá derecho a lo que produce un artesano activo; luego la absoluta comunidad de bienes, es un delirio de poetas que nunca podrá realizarse en todo un pueblo.

Renuncian los hombres en su estado social alguna parte de su libertad, sometiéndose a la voluntad general expresada por la ley; mas esta pérdida debe llamarse una verdadera ganancia, pues ella les da derecho a la protección de esta misma ley para la seguridad individual, y a los mutuos oficios de los demás hombres. (271-272)

... los vínculos de la sociedad son la *virtud* y la *ley;* aquella impele al hombre a ejercer sus funciones con rectitud; ésta detiene al perverso, para que no trastorne al estado social...

Es pues la ley "la voluntad de la soberanía constante y justa, que prescribe algo bajo ciertas penas o premios, y se promulga para ser obedecida por los súbditos". (274)

(La lección sobre Patriotismo aparece más completa en "Miscelanea Filosófica". N. del E.)

Luego *hay un ser que teniendo superioridad sobre el hombre y los demás objetos, los produjo y gobierna;* este ser es sabio, poderoso y bueno; sus efectos lo demuestran. Pero la sabiduría es propia de los espíritus; luego *Dios es un espíritu.* (283)

El hombre se hallaría muchas veces en tinieblas sin encontrar el camino de la verdad si solo se entregara a sus luces, porque éstas suelen oscurecerse por la incomprensibilidad de las materias, por la fuerza de las pasiones, por la debilidad natural etc.; luego la revelación es necesaria. (289)

...la revelación es conforme a la naturaleza de Dios y necesidad del hombre; pero lo que es conforme a la naturaleza de Dios, es recto, invariable y cierto; luego la verdadera revelación es recta, invariable y cierta.

No hay más que un Dios y una naturaleza de *alma humana*; luego no hay más que una religión verdadera, y la diversidad de religiones es prueba de nuestra ignorancia. (290)

Mas toda obra que excede a las fuerzas de toda la naturaleza creada, es un verdadero milagro; luego la revelación debe estar acompañada de milagros verdaderos.

De dos modos puede viciarse la religión: por exceso y por defecto; al primer vicio llamamos superstición, al segundo irreligiosidad. (301)

Consiste la superstición en dar culto a falsa divinidad, o en dárselo a Dios, pero de un modo incongruente. Lo primero llamamos idolatría... La irreligiosidad consiste en negar a Dios el culto y sumisión debida.

... lo que se llama fanatismo, que consiste en un acaloramiento y exceso, por el cual apreciamos algo mucho más de lo que vale, y lo sostenemos con terquedad faltando al orden debido.

(Sobre superstición, impiedad y fanatismo, ver las Cartas a Elpidio. Nota del Editor)

¡Ojalá puedan estas lecciones contribuir de algún modo a separar a los jóvenes así del ridículo fanatismo como de la funesta irreligiosidad! Puedan ellas inspirarles amor a una religión que los hará felices, y a una patria, que en ellos... sí en ellos, funda toda su esperanza. (305)

Por Marc A. Smit

BIBLIOTECA DE AUTORES CUBANOS
3
OBRAS DE FÉLIX VARELA Y MORALES
VOL. VII

MISCELANEA
FILOSOFICA

Escrita por el

PBRO. DON FÉLIX VARELA Y MORALES
Catedrático de Filosofía
en el Colegio de San Carlos de la Habana.

Seguida del

Ensayo Sobre el Origen de Nuestras Ideas,

Carta de un Italiano a un Francés Sobre las
Doctrinas de Lamennais
Y
Ensayo sobre las Doctrinas de Kant.

Prólogo de
MEDARDO VITIER

EDITORIAL DE LA UNIVERSIDAD
DE LA HABANA
1944

MISCELÁNEA FILOSÓFICA

Parte II.- Cuestiones Misceláneas.

... a veces, por elevarse mucho, suele entrar nuestro espíritu en regiones imaginarias, si no tiene el lastre de la observación y de la experiencia que la detenga...(47)

... no es culpable un entendimiento, que no habiendo podido pensar y corregir todo, sigue el camino que siempre había seguido, y que le parece más recto. (49)

La observación, pues, y la experiencia deben indicarnos no solo los primeros pasos, sino todos los que intentemos dar en el campo de la naturaleza. (50)

... no es fácil se extravíe el caminante que cada rato observa el camino, mira todas sus cercanías, y no da un paso adelante sin estar seguro de que va bien dirigido. (51)

Nuestra alma suple mucho a lo que oye, y nuestros labios no pueden pronunciar todo lo que ella ha suplido. (54)

... es preciso saber para traducir y no traducir para saber. (55)

... siempre que pensamos nos parece que oímos hablar y muchas veces proferimos palabras sin advertirlo, y se dice que *hablamos solos*.

No hay duda que muchas veces parece que formamos nuestra ciencia, de las relaciones que tienen los objetos entre sí, y no con nosotros... (59)

... la gran diferencia que hay entre *saber* y tener muchas ideas. Sabe el que es capaz, por decirlo así, de formar su conocimiento nuevamente, indicando las operaciones que había practicado para adquirirlo, y percibiendo toda la relación de ellas; pero basta para tener muchas ideas haber oído mucho sobre una ciencia, y tener en la memoria un gran número de proposiciones exactas que pertenezcan a ella.

... las preocupaciones, que son unos verdaderos males del espíritu, causan distintos efectos según el diverso estado de los entendimientos en que se hallan. (60)

La edad, los intereses, la ilustración y el origen de las preocupaciones, son los elementos que deben entrar en el cálculo de la permanencia de ellas, y de los efectos que producen. (61)

... entre los ancianos, vale mucho el *toda la vida se ha hecho, siempre se ha dicho*. Es muy difícil comprender que esta adhesión a lo que siempre se ha practicado, proviene más de un hábito que de un convencimiento.(63)

(Sobre las "pasiones", ver Lecciones de Filosofía. Nota del Editor)

El acaloramiento es un signo muy equívoco, pues acompaña al justo que defiende lo recto, y al perverso que quiere cohonestar su perversidad, al filósofo que sostiene los derechos de la razón, y al preocupado que se empeña en sostener quimeras.

... es necesario observar, no solamente los signos que indican el dominio de las pasiones sobre el entendimiento, sino también la naturaleza de las materias de que se trate para inferir hasta que grado puede implicarse el plan de las ideas, y el uso de las facultades intelectuales. (77)

La historia es sin duda la muestra de la vida, y un depósito inagotable de objetos dignos de la contemplación de un filósofo; pero al mismo tiempo suele ser principio de innumerables errores... (78).

... los argumentos históricos son los más débiles cuando se quieren presentar como prueba para establecer una norma de operaciones actuales, siempre que se pretenda arreglarse a ella absolutamente. (80)

La historia puede ser muy útil para manifestar los vicios y la virtudes de los hombres, excitando al aprecio o el odio de los actuales, porque la virtud siempre es virtud, y el vicio siempre es vicio, sean cuales fueren sus causas.

... siempre los vicios han sido el principio de las calamidades de los pueblos, así como las virtudes han sido la fuente de su felicidad. (81)

... es muy probable, o por lo menos muy posible, que en las circunstancias ignoradas por el historiador esté la verdadera causa de los hechos que refiere. (84)

No hay cosa más despreciable para los hombres de juicio, que un discurso en que el orador se olvida de su intento que es enseñar, mover y deleitar... (85)

La historia en las oraciones debe ser como la sal en los manjares, que todo exceso aun el menor hace perder todo el mérito. (86)

La naturaleza lo hace todo cuando no se encadena, y si en ciertos casos pide auxilio, jamás desea un yugo. (93)

... si los hombres se limitasen a solo las relaciones indispensables para la vida, ésta sería desapacible. (102)

...el *gran arte consiste en ocultar el mismo arte...* (124)

¿Qué importa que haya costado mucho trabajo una obra, (de arte), si ella no es por sí agradable? (128)

... la razón es siempre la moderadora del gusto... (133)

... los placeres no pueden conciliarse con el sumo trabajo, ni con la total inacción.

Aunque todos los conocimientos humanos se adquieren por un mismo método que es por el análisis, este se hace de distinto modo según los signos, y estos son varios según el estado de nuestro entendimiento. (137)

El sabio en las materias que ignora es un principiante, pero un principiante que... habituado a saber, lleva suma ventaja sobre un entendimiento poco acostumbrado a las investigaciones. (138)

La moderación que en todas materias es recomendable, lo es mucho más en las científicas. No debemos violentar la naturaleza, sino imitarla. (139)

No creo ceder a nadie en el deseo de inspirar a la juventud el amor a las ciencias, y la aplicación al estudio...

Acuérdome de la juiciosa respuesta de un hombre que llamaba la atención por sus grandes conocimientos, y preguntándole un amigo como los había adquirido, respondió: *estudiando toda la mañana, paseando toda la tarde y durmiendo toda la noche.* (140)

Parte III. Apuntes Filosóficos Sobre la Dirección del Espíritu Humano.

El alma sin sentidos no conocería la naturaleza. Sus primeros conocimientos tienen por objeto las sensaciones y se llaman ideas. (151)

La naturaleza es nuestro primer maestro en el arte de analizar, y ella es la única que nos dirige. (156)

Las ideas son tanto más inexactas respecto de los seres, cuanto más generales. De aquí se infiere que la exactitud de las ideas generales, debe comprobarse por las ideas individuales, y no al contrario. (157)

Debe decirse igualmente que el raciocinio se hace por deducción y por inferencia. Para la deducción es preciso que una cosa se incluya en otra; para la inferencia basta que dependa, o tenga conección con ella. (158)

Nuestras ideas se corrigen, corrigiendo los sentidos. (159)

No deben atenderse muchos objetos a un tiempo, ni muchas propiedades. La atención se promueve y se fija por sensaciones, interés y novedad.

... la atención bien ejercitada es la que enseña a *aislar* los objetos.

La memoria de *cosas* es muy útil; la de *palabras* muy despreciable. (160)

El talento es don de la naturaleza; pero puede rectificarse, y aun adquirirse por el estudio. (162)

Observar efectos y deducir causas, esta es una ciencia. (173)

La verdad es más sencilla, ella no quiere adornos extranjeros, pues los suyos bastan para hacerla apreciable. (174)

Parte IV.- Dos Cuestiones Ideológicas.-

Una idea no puede definirse cuando su objeto es tan simple que no encontramos otros en que resolverlo, y por consiguiente no hay términos para definirlo... (189)

Parte V.- Observaciones Sobre el Escolasticismo.-

El juicio es una especie de memoria que reune y pone en orden todas las impresiones recibidas por los sentidos; porque antes de producirse el pensamiento, experimentan los sentidos todo lo que debe formarlo... (200)

No hablemos de buen gusto, cuando se trata de escolástica; porque estas son ideas que se destruyen mutuamente. (218)

Discurrir no es más que sacar unas verdades de otras, o advertir que una clase menor se comprende en otra mayor, y también un individuo en una especie. (221)

El arte de discurrir es el de analizar, y este se perfecciona por la observación de la naturaleza, por la historia de los aciertos y errores del género humano, y por la rectificación práctica de cada una de nuestras operaciones intelectuales. No hay otra lógica, no hay otras reglas. (223).

Las disputas literarias deben reducirse a unas reflexiones pacíficas y sin capciosidades, que puedan servir para la ilustración de la juventud y ejercicio de los profesores; mas no para proporcionarse glorias ridículas con perjuicio de otro, procurando desacreditarle, y como dicen concluirle. (225)

Parte VI.- PATRIOTISMO.-

Al amor que tiene todo hombre al país en que ha nacido, y al interés que toma en su prosperidad les llamamos *patriotismo*. (235)

... nunca será excusable un amor patrio que conduzca a la injusticia. (236)

Para mí el *provincialismo racional* que no infringe los derechos de ningún país, ni los generales de la nación, es la principal de las virtudes cívicas.

... la pretendida indiferencia civil o política, es un crimen de ingratitud que no se comete sino por intereses rastreros, por ser personalísimos, o por un estoicismo político el más ridículo y despreciable.

Hay un fanatismo político, que no es menos funesto que el religioso, y los hombres muchas veces, con miras al parecer las más patrióticas, destruyen su patria, encendiendo en ella la discordia civil por aspirar a injustas prerrogativas. (237)

Muchos hacen del patriotismo un mero título de especulación.

Patriotas hay (de nombre) que no cesan de pedir la paga de su patriotismo, que le vociferan por todas partes, y dejan de ser patriotas cuando dejan de ser pagados.

El patriotismo es una virtud cívica, que a semejanza de las morales, suele no tenerla el que dice que la tiene, y hay una *hipocresía política* mucho más baja que la religiosa.

No es patriota el que no sabe hacer sacrificios en favor de su patria, o el que pide por estos una paga, que acaso cuesta mayor sacrificio que el que se ha hecho para obtenerla, cuando no para merecerla. (238)

... no hay placer para un verdadero hijo de la patria, como el de hacerse acreedor a la consideración de sus conciudadanos por sus servicios a la sociedad; más cuando el bien de esta exige la pérdida de esa aura popular, he aquí el sacrificio más noble, y más digno de un hombre de bien, y he aquí el que desgraciadamente es muy raro.

Pocos hay que sufran perder el nombre de patriotas en obsequio de la misma patria...

¡Honor eterno a las almas grandes que saben hacerse superiores al vano temor y a la ridícula alabanza !

Los verdaderos patriotas desean contribuir con sus luces y todos sus recursos al bien de su patria, pero siendo este su verdadero objeto, no tienen la ridícula pretensión de ocupar puestos que no pueden desempeñar. (239)

Con todo, aun los mejores patriotas suelen incurrir en un defecto que causa muchos males, y es figurarse que nada está bien dirigido cuando no está conforme a su opinión.

El deseo de encontrar lo mejor nos hace a veces perder todo lo bueno.

Es un mal funesto la preocupación de los hombres, pero aún es mayor mal su cura imprudente. (240)

La injusticia con que un celo patriótico indiscreto, califica de perversas las intenciones de todos los que piensan de distinto modo, es causa de que muchos se conviertan en verdaderos enemigos de la patria. (241)

El patriotismo cuando no está unido a la fortaleza ... se da por agraviado, y a veces vacila a vista de la ingratitud.

... el pueblo que ve con frecuencia que le son infieles aun aquellos hombres en quienes más confiaba, duda de todos, y faltando la confianza no hay *fuerza moral*... (243)

El verdadero patriota debe procurar por todos medios impedir que por malicia, o por ignorancia, se haga mal a la patria; mas el vano placer de publicar faltas, no solo es un crimen en moralidad sino en política. (244)

Parte VII.- Otros Estudios Filosóficos. (Publicado por Varela en Inglés en 1842. The Catholic Expositor. Traducción por el Dr. Roberto Agramonte).-

I.- Ensayo sobre el origen de nuestras ideas.-

¿Cómo puedo creer que hay en la mente humana una innumerable multitud de ideas, que no son *conocimiento* o que son *conocimiento desconocido*? Esto sería como concevir un círculo cuadrado. (250)

El sistema de las *ideas innatas* me luce a modo de una mera serie de aserciones sin otra prueba que el temor a que el sistema opuesto pueda conducir al materialismo. (251)

Todos los materialistas enseñan que las ideas proceden de los sentidos, y gran número de los que sostienen esta doctrina se convierten en materialistas... Por ridículos que puedan ser estos razonamientos, son el fundamento de toda la alarma de los innatistas.

Mas no soy defensor de ningún sistema en la cuestión del origen de nuestras ideas, puesto que estoy convencido de que todos los filósofos o tienen que estar de acuerdo sobre el punto o enseñar todos ellos un *error evidente*; al menos para cualquier hombre cuyo punto de vista sea el sentido común y no esté influido por un *prejuicio filosófico*. (257)

Mas si dice (un innatista) que hay algunas ideas *tan evidentes*, y adquiridas de modo tan fácil, que se encuentran en todo intelecto humano, como por una inspiración universal de la naturaleza, todo hombre razonable estará de acuerdo con él. (258)

Pero si dijese (un sensualista) que los sentidos causan que el alma forme las ideas, y que las de los objetos materiales, aunque no representadas por medio de imágenes sensibles, pueden ser formadas por medio de alguna conclusión derivada de los objetos sensibles, tal aserción debe ser admitida por toda mentalidad exenta de prejuicios. (259)

Si reflexionamos imparcialmente acerca de este asunto nos convenceremos de que todas las ciencias y todas las artes pueden adquirirse con la misma perfección, seamos *innatistas o sensualistas,* y ambos partidos pueden gloriarse de contar con hombres eminentes de todas las profesiones. (261)

Todos los filósofos en verdad, excepto los materialistas, piensan lo mismo sobre la naturaleza de nuestras ideas, y esta es otra prueba de la inutilidad de la cuestión acerca de su origen. (262)

Existen muchas cosas en las ciencias que comenzamos a creer que conocemos solo porque a menudo las hemos repudiado; y creemos que otras son de gran importancia porque nunca fueron dejadas de tratar. (262)

II . Carta de un italiano a un francés sobre las doctrinas de M. de Lamennais.

… nuestra naturaleza es tan corrupta que el halago se abre paso siempre en nuestros corazones y los encadena completamente. (266)

Por Gay García

El empeño en demoler es generalmente resultado del amor a la fama, porque con nada se atrae el hombre más notoriedad que con la destrucción de objetos venerados por largo tiempo.

Por eso vemos que las herejías han sido casi invariablemente hijas del orgullo contrariado.

Una paradoja no es más que una prueba de ignorancia, porque una verdad conocida no puede menos que ser simple e indisputable. (268)

... la elocuencia de Lamennais, como antes la de Rousseau, ha seducido y descarriado a toda clase de personas. Sin embargo, consuela a los amantes de la verdad advertir que ambos han corrido la misma suerte: esto es, han logrado el aplauso por sus talentos y el desprecio por sus errores. (269)

Un *mélange* de verdad y falsedad, de descubrimiento y negación, echados en un mismo molde por una imaginación poderosa, pero descarriada, constituye, como lo observa el autor, el genio de un innovador y a la vez destructor que es el más terrible de todos los genios.

Un escéptico nunca hará nada, porque no podrá dejar tras de sí sus errores. (270)

Lo más que un escéptico puede hacer es preparar el camino de un error dogmático; esto es, de un error mezclado con verdad, posesionándose de todas las bellezas predominantes, y esto constituye la esencia de la heterodoxia *positiva*.

Podemos decir con justeza que el panteísmo ha sido el único error filosófico en el mundo y el padre de todas las herejías. (271)

III.- Ensayo sobre la doctrina de Kant. (Publicado por Félix Varela en Inglés en 1841. The Catholic Expositor. Traducción del Dr. Luis A. Baralt).-

La *inventomanía*, deseo desordenado de inventar, es uno de los mayores males, tanto en las ciencias como en la religión, y es mucho más peligrosa que las demás ilusiones humanas, puesto que se pone en lugar de la pasión más noble y del rasgo más distinguido de la naturaleza humana, con el que pretende identificarse, a saber: el justo deseo de adelanto. (277)

A no ser por los errores a que induce su doctrina, (Kant), más valiera no darse por enterado de las fantasías del filósofo romántico; pero la experiencia nos advierte la necesidad de poner en guardia contra estas a los amantes de la verdad. (278)

No hay otro sistema tan apto para producir y aumentar el fanatismo... ...El fanatismo es un estado de excitación del intelecto humano, que le hace incapaz de percibir un objeto más que por un lado, y lo lleva a sobreestimar, ora las cosas mismas, ora los medios para obtenerlas, y a defenderlas con ese imprudente celo tan frecuente en cuestiones religiosas. (288)

BIBLIOTECA DE AUTORES CUBANOS
2
OBRAS DE FÉLIX VARELA Y MORALES
VOL. VIII

OBSERVACIONES
SOBRE LA
CONSTITUCION POLITICA
DE LA
MONARQUIA ESPAÑOLA
SEGUIDAS DE OTROS TRABAJOS POLITICOS

Por el Pbro.

DR. FELIX VARELA
Catedrático de Filosofía y de Constitución
en el Seminario de San Carlos
de La Habana.

Prólogo por
RAFAEL GARCÍA BÁRCENA

EDITORIAL DE LA UNIVERSIDAD
DE LA HABANA
1944

OBSERVACIONES SOBRE LA CONSTITUCIÓN POLÍTICA DE LA MONARQUÍA ESPAÑOLA

Otros Trabajos Políticos: Elogio de Don José P. Valiente. Despedida.- Memoria sobre la esclavitud.-Proyecto de Gobierno Autonómico.

- Del Discurso Inaugural:

... yo llamaría a esta cátedra, la cátedra de la libertad, de los derechos del hombre, de las garantías nacionales, de la regeneración de la ilustre España... (1)

Respondo de mis esfuerzos; no de mi acierto. Pero sea cual fuere el resultado, yo tendré una gran complacencia en dar un ligero testimonio de mi deseo de contribuir a facilitar el estudio de las leyes fundamentales de la nación española a una juventud que acaso un día será su más firme apoyo. (4)

... en lo sucesivo no será la memoria, que es la más débil de las operaciones del alma, sino los sentimientos con repetidas impresiones, el órgano de nuestra inteligencia.

- De la Introducción:

La soberanía y libertad son los principios de que emana toda la constitución, y de ésta la división de poderes y sus atribuciones. He aquí todo el sistema constitucional. (9)

- De Soberanía:

Si atendemos al origen del poder que ejercen los monarcas sobre los pueblos, o del que tiene cualquier especie de corporación, advertiremos que, o la fuerza los hizo dueños de lo que la justicia no les había concedido o su autoridad no proviene sino de la renuncia voluntaria que han hecho los individuos de una parte de su libertad, en favor suyo y de sus conciudadanos. (11)

Efectivamente, por la naturaleza todos los hombres tienen iguales derechos y libertad; pero reunidos en grandes sociedades, diversificados por sus intereses y pasiones, necesitan una dirección, y lo que es más, una autoridad que los conserve en sus mutuos derechos, no permitiendo que la sociedad se disuelva, ni que se perjudiquen mutuamente sus miembros.

...toda soberanía está esencialmente en la sociedad, porque ella produce con el objeto de su engrandecimiento, incompatible con su esclavitud, y jamás renuncia al derecho de procurar su bien y su libertad, cuando se viere defraudada de tan apreciables dones. (12)

... si el pueblo es quien ha de renunciar una parte de su libertad voluntariamente, y no por violencias tiránicas, contrarias a toda justicia y razón, a él le toca exclusivamente el derecho de establecer sus leyes fundamentales, que incluyen estos derechos renunciados, esta parte de libertad que pierde cada individuo en favor de la sociedad, y en él reside esencialmente la soberanía, que no es otra cosa sino el primer poder y el origen de los demás. (13)

¿Qué libertad tendrá una nación que no posea en sí misma el poder? Y ¿Qué nación podrá merecer este nombre si no es libre?

...cuando un corto número, olvidando el origen de su poder, se haya hecho árbitro de la suerte de los demás, ¿diremos que éste es un pueblo feliz, o un conjunto de esclavos en que la desgracia ha fijado su mansión?

Todo bien nos proviene de Dios, y la justicia, que es una de las principales virtudes, no puede tener otro origen: el que la quebranta ofende a Dios, y en vano se justificará ante los hombres, eludiendo las penas impuestas por la ley... (14-15)

La sociedad, como un cuerpo moral, tiene sus derechos que ninguno puede atacar sin quebrantar la justicia: hay un pacto mutuo entre los pueblos y la autoridad suprema, cuyo cumplimiento es acto de la misma virtud... (15)

Los pueblos pierden su libertad, o por la opresión de un tirano, o por la malicia y ambición de algunos individuos, que se valen del mismo pueblo para esclavizarlo, al paso que le proclaman su soberanía. (19)

Nada le importa a un ciudadano oprimido que su calamidad le provenga de una persona o de un congreso.

... el hombre tiene derechos imprescriptibles de que no puede privarle la nación, sin ser tan inicua como el tirano más horrible.

Jamás lo que es injusto será justo, porque muchos lo quieran. (20)

Un inocente no puede ser castigado, ni un culpable, sino se le califica su delito. Sea cual fuere la autoridad que comete esos atentados, es inicua, y no tiene otro derecho que la fuerza.

El gobierno, de cualquier especie que sea, no tiene derecho de *vida y muerte*... ni es señor de *vidas y haciendas* como se ha dicho con agravio de los pueblos.

... el pueblo jamás ha facultado al gobierno para que haga injusticias. (21)

El hombre no manda a otro hombre; la ley los manda a todos. (22)

Hay tres especies de igualdad: la natural... la social... y la legal... La igualdad legal se halla en la distribución de derechos, y es la única que no va acompañada de desigualdad en las operaciones... (23)

Una sociedad en que los derechos individuales son respetados, es una sociedad de hombres libres.

La independencia y la libertad nacional son hijas de la libertad individual... (24)

...un conjunto de normas sabias que presenten de un modo constante los derechos sociales, recordando siempre el pacto solemne que ha hecho la sociedad con su gobierno, y he aquí lo que llamamos su *constitución política.* (26)

La soberanía es sin duda indivisible en su naturaleza, mas en sus operaciones exige una división de poderes... (29)

... el cúmulo de poder propende al despotismo, y las pasiones protegidas por la fuerza sin contraste, dan lugar al error y al crimen.

Un congreso representativo y soberano propende a dictar leyes sobre todos los asuntos, y la multiplicidad de éstas es el vicio de las repúblicas; así como la carencia de ellas el de la monarquía absoluta, en que la voluntad del hombre llena los vacíos que debían ocupar las leyes. (35)

... en la Constitución política de la monarquía española, concediendo al rey la sanción de las leyes y el *veto*, lejos de haberse tomado una medida contraria a la libertad nacional, debe decirse que se le ha puesto un firme apoyo, pues sirve de contrapeso al poder del cuerpo representativo... (45)

... todo lo que dirige a conceder preferencia a una clase de individuos sobre las otras, inspira desunión, y es medida contraria al estado actual de la España y al progreso que han hecho las luces en ella y en todas las naciones. (50)

Diputado quiere decir lo mismo que enviado por una provincia, con facultades para representar derechos y proponer mejoras, de manera que es un verdadero apoderado de la Provincia, pero que al mismo tiempo lo es de toda la Nación en virtud de sus leyes fundamentales... (65)

... distinguiéndose los hombres en sus ideas más que en sus rostros, la variedad de pensamientos no puede desdecir, antes adorna una nación que aspira a distinguirse por sus luces. (104)

... *la ley no ofende a nadie,* pues se promulga para todos los que puedan hallarse en tal o cuál caso; y mayormente, en la concesión de ejercicios de derechos políticos, la sociedad puede establecer sus restricciones. (108)

... se concede la libertad política de la imprenta, cuya utilidad sería superfluo recomendar cuando no hay nación que no esté convencida de ella. ...sin la cual el pueblo es mudo.(110-111)

El poder nombrar es un derecho, y cada cual renuncia a sus derechos en el todo o en parte, según le parece. Si no quiere concurrir un ciudadano a la junta, no podría ser obligado, y renunciaría a todos sus derechos, lo cual prueba que está en su arbitrio. (114)

**- Del Elogio del Señor Don José P. Valiente y Bravo.
Iglesia Catedral de la Habana.
Marzo de 1818.**

Yo no le tributaría estos elogios, si aquella alma grande estuviera aprisionada con las cadenas de la carne. ...hemos perdido un Jonatán, un consejero prudente y letrado. (118)

... la Patria aún tiene hombres dignos de alabanzas que lleguen al túmulo en la ancianidad, sin haber manchado su carrera civil, ni haber faltado un momento a las necesidades del reino. (119)

Un genio sublime, un genio rectificado, va a desenvolver todos sus recursos, todas sus luces en favor de un suelo capaz de todo lo grande, todo lo digno. (121)

¡Qué no emprende un alma grande! ¡Cuáles serán los límites del espíritu humano cuando le dirige la naturaleza y no la preocupación, y cuando le anima el amor a la verdad y el interés por la patria!

¡Qué frutos produce la meditación de un sabio! Pasan las obras de la fuerza, permanecen las de la inteligencia; cesan los bienes que produjo el poder, no se extinguen los del talento. (122)

Es nada tener grandes empleos, es mucho merecerlos, es cosa admirable desempeñarlos dignamente. (125)

Yo no miro ya al señor Valiente, que fue un hombre sujeto a las miserias del corazón humano; yo miro solo el instrumento del Dios de Abraham, de Isaac y de Jacob, cuya sabiduría se dirige a los fines con fortaleza, disponiendo los medios con suavidad, según se expresa la Escritura Santa. (127)

El celo de este varón prudente y letrado, se extendió igualmente a la enseñanza pública. ¡Qué obstáculos no removió para este intento! ¡cuál fue su solicitud para conseguirlo! La Sociedad Patriótica, de quien fue digno Director, presenció todos estos pormenores, y los aplausos que justamente le tributaron los padres de familia. (128)

En un tiempo en que la educación pública se hallaba abandonada y en la cuna, este genio protector la restablece, la anima y tiene la gloria de dar los primeros pasos. (129)

Él sabía muy bien que, como enseñaba un filósofo gentil, es fuerte el que rechaza la injuria, y no el que se atreve a hacerla...(130)

Fue llamado el señor Valiente por el gobierno que necesitaba sus luces cuando él se hallaba enfermo y extenuado. Pero él no tiene otros males que los de la patria a quien se ha consagrado. (133)

Genios protectores de las almas grandes: recoged los adornos para el sepulcro de un sabio. ...es la patria quien va a rendir un homenaje al mérito y un tributo a la virtud. (135)

- De la Carta de DESPEDIDA a los habitantes de La Habana. Abril 1821.

No hay sacrificios: honor, placer, es todo cuanto se renuncia en obsequio de la Patria. Hijo de la ilustre Habana, educado en ella, degeneraría de los sentimientos del más constante y más generoso de los pueblos si el temor a los peligros pudiera arrebatarme. (155)

Ya sea que el árbitro de los destinos, separándome de los mortales, me prepara una mansión funesta en las inmensas olas, ya los tiranos para oprimir a España ejerzan todo su poder contra el augusto Congreso en que os habéis dignado colocarme, nada importa: un hijo de la libertad, un alma americana, desconoce el miedo.

Mis conciudadanos, haciéndome el mayor de los honores, me habéis impuesto la más grave de las obligaciones. Yo no seré feliz si no la desempeño.

- De la MEMORIA sobre la Esclavitud y del Proyecto para la Extinción de la misma. 1823.

La irresistible voz de la Naturaleza clama que la Isla de Cuba debe ser feliz. (157)

No recordaría unas ideas tan desagradables como ciertas si su memoria no fuera absolutamente necesaria para comprender la situación política de la Isla de Cuba. (158)

Ingleses, en vuestros labios pierde su valor la palabra filantropía; excusadla, sois malos apóstoles de la humanidad. (159)

Yo estoy seguro de que pidiendo la libertad de los africanos conciliada con el interés de los propietarios y la seguridad del orden público por medidas prudentes, solo pido lo que quiere el pueblo de Cuba. (161)

... desde que las artes se hallaron en manos de negros y mulatos se envilecieron para los blancos, que sin degradarse podían alternar con aquellos infelices. (162)

La preocupación siempre tiene gran poder, y a pesar de todos los dictámenes de la filosofía, los hombres no se resignan a la ignorancia cuando un pueblo justa o imjustamente desprecia tales o cuales condiciones.

Yo solo pido que se observe que esos mismos artistas oriundos de Africa no son otra cosa que habaneros, pues apenas habrá uno u otro que no sea de los criollos del país.

 La rusticidad inspira compasión a las almas justas, y no desprecio; pero las leyes, las tiránicas leyes, procuran perpetuar la desgracia de aquellos miserables, sin advertir que el tiempo, espectador tranquilo de la constante lucha contra la tiranía, siempre ha visto los despojos de ésta... (163)

Su preponderancia puede animar a estos desdichados a solicitar por fuerza lo que por justicia se les niega, que es la libertad y el derecho de ser felices.

La rabia y la desesperación los obligará a ponerse en la alternativa de la libertad o la muerte. (166)

Desengañémonos: Constitución, libertad, igualdad son sinónimos; y a estos términos repugnan los de esclavitud y desigualdad de derechos. (166)

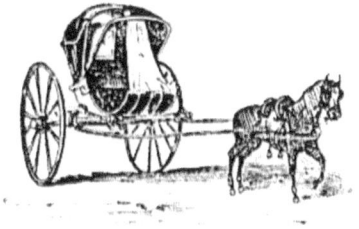

Se declara libre a todo esclavo que hubiere servido quince años continuados al amo a quien actualmente pertenece. (168)

En lo sucesivo se contarán los quince años de servicio, aunque hayan sido diversos amos, y así tendrá entendido todo el que compre un esclavo después de la publicación de este decreto...

Son libres los criollos que nacieren después de la publicación de este decreto.

No se admitirá reclamación de ninguna especie, y en ningún tiempo, contra la libertad concedida a los esclavos por la Junta. (175)

Se prohibe extraer de la isla esclavos, aunque sea bajo el pretexto de acompañar a sus propios amos. (178)

- **Del Proyecto de Gobierno Autonómico.**

La comisión ha tenido por base de su proyecto reprimir la arbitrariedad en aquellos países, y minorar cuanto sea posible los casos en que sus habitantes se lamenten de vivir a tanta distancia del gobierno y de la representación nacional. (182)

Las leyes desgraciadamente se humedecen, debilitan y aun se borran atravezando el inmenso Océano, y a ellas se sustituye la voluntad del hombre, tanto más temible cuanto más se complace en los primeros ensayos de su poder arbitrario, o en su antigua y consolidada impunidad. (184-185)

Es innegable que la naturaleza, separando en tanto grado ambos hemisferios, hace muy desventajosa la suerte de aquellos moradores, y presenta obstáculos a su unión política... (185)

... sepa el gobierno los desaciertos que a su sombra se cometen... ...individuos que, presentándose bajo el aspecto más favorable, provisto de informes ventajosos, y aparentando una rectitud hipócrita, dejan en las costas de la península las pieles de ovejas con que se habían cubierto, y se presentan en América en su verdadera naturaleza de lobos. (185-186)

Es preciso desengañarnos: mientras los empleos en América sólo sean un objeto de especulación; mientras los moradores de aquellos países sólo vean en los agentes del gobierno unos aventureros que van a hacer su fortuna en poco tiempo... ... mientras estos gravísimos males no tengan otro remedio que el triste sufrimiento, conducirán a la desesperación, será imposible afianzar la tranquilidad, remover las quejas y estrechar los vínculos amistosos entre unos y otros países. (186)

La comisión ha creído que ésta es la verdadera manzana de la discordia arrojada por la avaricia de algunos con perjuicio de todos, y con mengua de la dignidad de una nación...

... se halla íntimamente persuadida (la comisión) de que el remedio de los males se ha de proponer por los pueblos que los sufren...

MANUAL

DE

PRACTICA PARLAMENTARIA,

PARA EL

USO DEL SENADO DE LOS ESTADOS UNIDOS.

POR
TOMAS JEFFERSON.

Al cual se han agregado
EL REGLAMENTO DE CADA CAMARA Y EL COMUN A AMBAS.

TRADUCIDO DEL INGLES Y ANOTADO
POR
FELIX VARELA.

NUEVA-YORK:
POR HENRIQUE NEWTON,
Calle de Chatham, No. 157.

1826.

MANUAL DE PRÁCTICA PARLAMENTARIA POR THOMAS JEFFERSON

INTRODUCCIÓN
Félix Varela

Persuadido el juicioso y benemérito Jefferson de la absoluta necesidad de reglas fijas en los procedimientos de todo cuerpo deliberante, renunció gustoso la facultad discrecional, de que se hallaba investido como presidente para decidir en las dudas, que eran muy frecuentes; y colectando las disposiciones de la Constitución, las del Senado, y para los casos que faltaban unas y otras, las del Parlamento de Inglaterra; formó este *manual de práctica parlamentaria* o reglamento por el cual según dice en su introducción, determinaba juzgar, y quería ser juzgado.

El nombre del autor y la fuente de donde ha sacado sus materiales bastan para recomendar la obra, **y yo he creído hacer un servicio a los nuevos estados americanos traduciéndola al Castellano, y anotándola en los parajes, en que se hallan en contraposición o mis ideas teóricas, o los datos que me ha proporcionado una corta pero azarosa y costosísima práctica.**

Hago con frecuencia alusiones al reglamento de las Cortes de España, a que tuve el honor de pertenecer, más no por esto se crea que le tengo como perfecto. Muy al contrario, nadie conoce más sus imperfecciones que los diputados, que varias veces experimentamos sus funestas consecuencias. Sin embargo, creo que en muchos puntos se hallaba libre de los inconvenientes a que dan lugar otros reglamentos.

(Negritas por el editor)

FÉLIX VARELA

EL HABANERO

Papel Político, Científico y Literario

EDICIONES UNIVERSAL, Miami, Florida, 1997

EL HABANERO

- **De: Máscaras Políticas.-**

... y la juventud, que por ser generosa, siempre es incauta, cae con frecuencia en los lazos de la más negra perfidia. (3)

... *el patriotismo y la religión*; objetos respetables, que profanados, sirven de velo para encubrir las intenciones más bajas y aún los crímenes más vergonzosos.

... un ambicioso es más sufrible que un infame hipócrita político. (4)

La Patria a nadie debe, todos sus hijos la deben sus servicios. (5)

Cuando se presentan méritos patrióticos, es para hacer ver que se han cumplido unas obligaciones. Esta debe ser la máxima de un patriota.

Yo jamás he creído en el patriotismo de ningún pícaro. (6)

¡Qué partido saca de la sencillez de muchos la sagacidad de algunos! (7)

... siempre hay hombres infames, para quienes las voces patria y virtud nada significan, pero en los cambios políticos es cuando más se presentan, porque entonces hay más proporción para sus especulaciones. (9)

- De: Cambia Colores.-

... esta misma prudencia y el honor exigen que los hombres no se degraden y se pongan en ridículo ostentando diversos sentimientos y diverso plan de ideas según el viento que sopla. (10)

... el hombre que no puede hablar lo que piensa, calla si tiene honor. (12)

Es cierto que en todo cambio de sistema político puede haber sus *convertidos*, y efectivamente la gran fortuna de un nuevo gobierno es formarse prosélitos entre los que antes eran sus enemigos; pero la ficción del convencimiento es lo más degradante y ridículo que puede imaginarse.

Los hombres de honor cuando mudan de opinión es por un convencimiento, y presentan las razones que les han obligado a hacerlo; pero jamás niegan su antiguo modo de pensar, porque como su conciencia nada les acusa, y siempre han tenido por objeto el bien de su patria, no creen que deben encubrirse. (13)

Nada hay más respetable que la firmeza de carácter en los hombres, y la ingenuidad.

El desprecio sigue siempre a los cambia colores.

- **De: Consideraciones sobre el estado actual de la Isla de Cuba.-**

Al sufrimiento de la escasez se agregará el de la verguenza en la mayor parte de las familias, y su estado será verdaderamente lamentable. (14)

Es preciso no perder de vista que en la isla de Cuba no hay *opinión política*, no hay otra opinión que la *mercantil*. En los muelles y almacenes se resuelven todas las cuestiones del Estado. (16)

Es preciso no equivocarse. En la Isla de Cuba no hay amor a España, ni a Colombia ni a México, ni a nadie más que a las cajas de azúcar y a los sacos de café.(18)

- **De: Conspiraciones en la Isla de Cuba.-**

Se han hecho y acaso continúa haciéndose innumerables prisiones, y como el delito de los presos es casi general, también lo es la inseguridad y el sobresalto. (20)

Quiera Dios que el disgusto general no conduzca a una revolución sangrienta, por ser el fruto de la desesperación.

Cada prisión vale por mil proclamas; lejos de extinguir el fuego de la insurrección lo que hace es excitarlo. (21)

Una conspiración sorprendida es un ejercito dispersado que sólo necesita reunirse y aumentarse para volver a la batalla.

- De: Sociedades Secretas en la Isla de Cuba.-

La voz *patria* siempre electriza el alma de un joven y todo lo arrostra por ella, pero en mayor edad se oyen siempre al mismo tiempo las voces *ambición, riqueza.* (24)

Es un error pensar que en un pueblo que se halla en la situación crítica en que está la isla de Cuba se pueda hacer nada bueno sin unión. (28).

El pueblo más sensato, el que más medita sobre sus intereses, tiene momentos desgraciados en que todo se olvida y parece que la sociedad retrograda al estado de barbarie. (33)

Los movimientos de un pueblo ilustrado y pacífico son siempre una consecuencia de largos sufrimientos.

...la desesperación es la fuente de todos los desastres.

... en la Isla solo deben distinguirse dos clases: los amigos de su prosperidad con preferencia a todos los países de la tierra, y los egoístas que solo tratan de hacer su negocio aunque se arruine la Isla; en una palabra: patriotas y especuladores. (34).

- De: Tranquilidad de la Isla de Cuba.-

Debo a mi patria la manifestación de estas verdades, y acaso no es el menor sacrificio que puedo hacer por ella el hablar cuando todos callan, unos por temor y otros porque creen que el silencio puede, si no curar los males, por lo menos disimularlos... (48)

No es tiempo de tratar de derechos. Lo es solo de observar los hechos y prever sus resultados, si es que puede llamarse previsión la de un futuro que casi tenemos ya en las manos.

...menos el Gobierno, que sólo se ocupa en saber quien niega que es esclavo, para hacerle entender que tiene un amo. (50)

Todo pacto social no es más que la renuncia de una parte de la libertad individual para sacar mayores ventajas de la protección del cuerpo social, y el gobierno es un medio de conseguirlas. (54).

Ningún gobierno tiene derechos. Los tiene sí el pueblo, para variarlo cuando él se convierta en medio de ruina, en vez de serlo de prosperidad.

Pasaría, sí, a los siglos venideros la oprobiosa memoria de un pueblo que creyó que solo existía para un hombre a quién se ofreció en bárbaro e inútil sacrificio, por decir: *te fuí fiel*. (54-55)

Sea cual fuere la opinión política de cada individuo, todos deben reconocer el gran principio de la *necesidad*, y hacer todo lo posible para que su aplicación no produzca males. (55)

Una lucha imprudente es una ruina probable y a veces cierta. (56).

Es preciso reunir todos los esfuerzos para sacar ventajas de la misma necesidad.

Lo que más debe desearse en la isla de Cuba sea cual fuere su situación, es que los hombres de provecho, los verdaderos patriotas se persuadan que ahora más que nunca están en la estrecha obligación de ser útiles a su patria...

Tomen parte en todos los negocios públicos con el desinterés de un hombre honrado, pero con toda la energía y firmeza de un patriota.

No abandonen el campo para que se señoreen en él cuatro especuladores y alguna chusma de hombres degradados, que sin duda, se animarán a tomar la dirección del pueblo si encuentran una garantía de su audacia en la inoportuna moderación de los hombres de bien.

El crimen no es osado sino mientras la virtud se muestra débil...

Una revolución inevitable, prevista y no preparada, es a la vez la ruina y la ignominia de un pueblo. (58)

... el cambio político de la isla de Cuba es inevitable...debe anticiparse y hacerse por los mismos habitantes, callando por un momento la voz de las pasiones, no oyendo sino la de la razón y sometiéndose todos a la imperiosa ley de la necesidad. (59)

... si la revolución no se forma por los de la casa, se formará inevitablemente por los de fuera, y que el primer caso es mucho más ventajoso.

Pensar como se quiera; operar como se necesita.

Compatriotas: salvad una patria cuya suerte está en vuestras manos. ¡Ah! ¿y perecerá en ellas? (60)

Olvido sobre lo pasado. La generosidad en cada partido, no es ya sólo una virtud moral; es un deber político, cuya infracción convierte al patriota en asesino de su patria. Unión y valor; he aquí las bases de vuestra felicidad.

Acúsese cuanto se quiera mi intención, pero respóndase, si es que se puede, a mis razones. (61)

- De: Estado Eclesiástico en la Isla de Cuba.-

... en el momento en que se haga religiosa una cuestión puramente política, todo se pierde, y para todos. (66)

El camino del cielo está muy claro, y cada cual puede seguirlo o separarse de él como mejor le parezca, pero convengamos todos en conservar la tierra, y en conocer las tramas de los que quieren privarnos pronto de ella. (66-67)

La libertad y la religión tienen el mismo origen, y jamás se contrarían porque no puede haber contrariedad en su autor. (67)

La opresión de un pueblo no se distingue de la injusticia, y la injusticia no puede ser obra de Dios.

Sólo es verdaderamente libre el pueblo que es verdaderamente religioso, y yo aseguro que para hacerle esclavo es preciso empezar por hacerle fanático.

La fuerza es el apoyo de la tiranía, y la religión no puede servirla de pretexto, sino empezando por experimentar ella misma el mayor de los ultrajes. (68)

- De: Bombas Habaneras.-

El miedo ha sido siempre el principio más fecundo de ficciones... (70)

Pero ¡Ah! No es el pueblo el objeto de los que propagan estas ideas; son sus utilidades personales las que quieren prolongar cuanto les sea posible; es un amo a quien pretenden complacer para conseguir sus favores. (72)

Ven llegar el momento en que las cosas deben variarse y que lo más prudente sería preparar el pueblo para un cambio político inevitable: pero éste es un crimen y la virtud consiste en engañar o fingir...

... en los Estados Unidos es donde se forman todos los planes, como si se necesitasen muchos para el caso, y se comunican todas las noticias, como si estas no se tuviesen en la misma boca del Morro. (73)

La armas de la calumnia, que tanto se han manejado contra los patriotas en todas las épocas y países... en la isla de Cuba han sido la principal defensa de los que no han podido encontrarla en la razón y la justicia...

No es tiempo, no, de entretenernos en acusaciones particulares ni en lamentos inútiles. Lo es solo de operar con energía para ser libres. (74)

- **De: Amor de los Americanos a la Independencia.-**

Los americanos nacen con el amor a la independencia. (75).

Aún los que por intereses personales se envilecen con una baja adulación al poder, en un momento de descuido abren el pecho y se lee INDEPENDENCIA.

Tienen mucho que aprender, pero saben lo bastante para conocer lo que pueden prometerse a sí mismos y lo que puede prometerles un amo. (77)

Es preciso que los hombres no tratemos de engañarnos mutuamente, cuando el engaño es imposible y su pretensión es peligrosa. (78)

... *insurgente,* expresión que solo significa: *hombre amante de su patria y enemigo de sus opresores.* (79)

Y el gobernar un pueblo contra su voluntad, ¿qué otro nombre tiene que el de tiranía? (80)

- **De: Paralelo entre la Revolución...**

Una revolución formada por auxilio de extranjeros aunque sean hermanos, no tiene todo el carácter de espontaneidad que es necesario para inspirar confianza... (92)

Yo soy el primero que estoy contra la unión de la Isla a ningún gobierno, y desearía verla tan Isla en política como lo es en la naturaleza. (94)

No hay que temer. El temor es ridículo, y puede servir de arma a los enemigos de la libertad. (95)

Todas las ventajas económicas y políticas están en favor de la revolución hecha exclusivamente por los de la casa, y hacen que deba preferirse a la que pueda practicarse por el auxilio extranjero. (96)

- Del Diálogo...(entre) un español partidario de la independencia y un ...anti-independiente.

Cuando una sociedad es bastante numerosa para constituir un cuerpo político, y las circunstancias exigen que lo constituya, tiene un derecho a hacerlo... (105)

... un pueblo entero jamás es revolucionario. Lo son sus opresores. (106)

Si yo he de servir a mi patria de instrumento para la opresión,... esa que usted llama mi patria deja desde el momento de serlo, pues yo no perteneceré jamás a una sociedad injusta y cruel. (106)

- De: Reflexiones sobre la situación...

... al fin un esfuerzo propio de su carácter los sacará del peligro, escarmentando a sus disfrazados opresores. (114)

El mar político está en tremenda borrasca y sus estragos son tan variados y caprichosos como sus enfurecidas olas. (124-125)

¡Qué escarmiento para los que fiaron su suerte en manos de los extranjeros, y creen que afirman el trono de un rey, haciéndole flotar en la sangre de sus súbditos! (125)

La severidad acompañada de la justicia es necesaria; la crueldad unida a la injusticia es lo más funesto a toda clase de gobierno. (126)

- **Del Suplemento al # 3 de "El Habanero".-**

¡Miserables! ¿Creéis destruir la verdad asesinando al que la dice? ¡Ah! Ella es superior a todos los esfuerzos humanos, y un recurso como el que habéis tomado solo sirve para empeorar vuestra causa. (137)

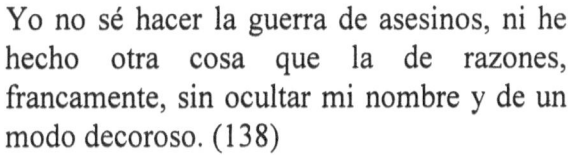

Yo no sé hacer la guerra de asesinos, ni he hecho otra cosa que la de razones, francamente, sin ocultar mi nombre y de un modo decoroso. (138)

¡Ah ingratos! Queréis derramar la sangre del que sólo ha trabajado y trabaja por que no se derrame la vuestra. (138)

- **De: Persecusión de este Papel en la Isla de Cuba.-**

El tiempo, el tiempo: he aquí el juez a quien apelo y cuya sentencia no tardará mucho. (142)

Yo no me extraño que el gobierno procure por todos medios sostener su dominio en la Isla aunque sea arruinándola, pero sí extraño que aún haya personas tan alucinadas que se figuran que semejantes sacrificios pueden ser de alguna utilidad al país, cuando no hacen más que empobrecerlo y preparar su ruina. (144)

… digan cuanto su furor pueda inspirarles; mas yo les aseguro que si por un solo momento consideran a sangre fría y con imparcialidad mis razones, conocerán que no tienen mejor amigo que el autor de *El Habanero*…(145)

- De: Comisión Militar en La Habana.-

… mi máxima es pensar bien de los hombres, mientras no me consta que son malos, y precaverme siempre de ellos como si lo fuesen. (146).

… habiendo correspondido a las intenciones de su amo, todo lo tienen ganado aunque se arruine la Isla. (149)

- De: Carta del Editor de este Papel a un Amigo.-

¡Qué fértil en recursos es el miedo! (154)

Cuando la patria peligra y la indolencia sensible de unos, y la execrable perfidia de otros hace que el pueblo duerma, y vaya aproximándose a pasos gigantescos a un precipicio, ¿es imprudencia levantar la voz y advertir el peligro? Esa podrá ser la prudencia de los débiles. Mi corazón la desconoce.

... no hubiera escrito a no haber creído que podía contribuir algún tanto a rectificar la opinión... (155)

Algunos tienen la imprudencia de divertirse inventando sarcasmos y epítetos ridículos para vejar a sus contrarios, e insensiblemente van encendiendo un fuego que por todos medios conviene extinguir.

... por dar pábulo a pasiones momentaneas no se hagan infelices y envuelvan en su desgracia a sus descendientes. (156)

Nadie ignora la irresistible fuerza de la opinión, y cuando ésta se consiga, yo aseguro a esos amedrentados que no faltará quien opere, y sin violencias ni estragos como se imaginan muchos.

... yo estoy perfectamente curado del mal de espanto. (159)

- De: ¿Necesita la Isla de Cuba unirse a...?

No puede llegarse a la perfección en un día; mas ¿se infiere de aquí que no debe darse el primer paso? (163)

Para saber lo que harán los pueblos, basta saber lo que les interesa, siempre que el interés sea percibido por la generalidad. (165)

¿Y cuál es el habitante de la Isla de Cuba que crea que es feliz un país donde reina la fuerza? (166)

Al fin vendrá a hacerse inevitablemente, después de tantos sacrificios, lo que al principio podría hacerse con la tranquilidad y ventajas de que es susceptible una revolución. (171)

Los males son inevitables, pero se disminuirán, tanto más cuanto mayor sea el empeño de los hombres sensatos de uno y otro partido en reunir los ánimos por el vínculo de la necesidad y del común peligro.

Pensar como se quiera y operar como se necesita, es la máxima que debe servir de vínculo...

La terrible arma de la desunión, manejada por los mismos que la quieren, es la que ha causado y causa más estrago en la Isla de Cuba... (174)

- **De: Dos palabras a los enemigos...**

Cuando los males son evidentes, la pretensión de ocultarlos sólo sirve para manifestar que son incurables, y que se quiere distraer la atención del que los padece. (175)

... nada hay que temer, siempre que se procure preparar los ánimos, no para una defensa quimérica, sino para un cambio pacífico, que ponga al pueblo en disposición de darse la ley a sí mismo, y no recibirla *de nadie*. (175-176)

La contradicción es un resultado casi necesario en la defensa de una mala causa. (176)

- De: Reflexiones sobre la Real Orden...

La rebelión a que yo he incitado..., no ha sido otra cosa que un refugio necesario en peligro inevitable. (180)

... no puede llamarse rebelión al cambio político de la Isla de Cuba.

¿Qué padre, sin perder todos los derechos que puedan darle la naturaleza y la ley, pretendería el inútil y bárbaro sacrificio de sus hijos? (181)

Todas las reales órdenes del mundo no podrán oscurecer las verdades palpables que ha dicho *El Habanero*... (182)

- De: Esperanzas Frustradas.

El lenguaje de la adulación reemplazó al de la franqueza, y los que antes llevaron la libertad hasta el exceso, se humillaron hasta el envilecimiento. (183)

Obra es de un número reducido de personas favorecidas por las circunstancias políticas y por el aturdimiento de un pueblo sorprendido por el tremendo rayo que acaba de destruir sus libertades.

La verdadera pérdida, dicen, es perder el derecho por una renuncia. (186)

Hay un error funestísimo difundido entre muchas personas de La Habana, que no puedo pasar en silencio... Aspiran o fingen aspirar a

una conformidad absoluta en la opinión , como indispensable para un cambio político. Esto equivale a un *no quiero* disimulado... (190)

¿En qué país, en qué ciudad, en qué familia puede hallarse esa absoluta conformidad de ideas cuando se trata de objetos de infinitas relaciones y que excitan infinitos intereses?

... si se quiere llevar el temor y la apatía hasta el extremo de querer que vayan los de fuera a hacerlo todo y a ahuyentar una sombra de poder que como a niños tiene amedrentados a mis paisanos, espérese enhorabuena. (191)

- De: Reflexiones sobre los motivos que suelen alegarse para no intentar un cambio político en la Isla de Cuba.

La malicia ha encontrado en la timidez un agente eficacísimo para adormecer al pueblo cubano promoviendo los intereses del actual gobierno, cuyo término quiere alejarse todo lo posible, aunque pocos dudan de su proximidad. (192)

Algunos más precavidos no se atreven a arrostrar la opinión contraria... y confesando claramente que el cambio es necesario, preguntan cómo se hace.

¿Cómo se hace? Hablando menos y operando más.

Contribuyan con sus luces unos, otros con su influjo y otros con su dinero a salvar la Patria.

Verdad es que un número de patriotas hizo esfuerzos poco felices para romper unas cadenas que se han remachado. (193)

No ha habido intención depravada que no se haya atribuído a los que se atrevieron a decir: *seamos libres.*

... como crece el mal que no se cura a tiempo. (194)

La desunión se impide procurando cada cual por su parte, si no conciliar, por lo menos no indisponer los ánimos. (195)

> *La naturaleza ha dado al ser humano hacia el país que lo vió nacer un no sé que de afecto no bien entendido que vive siempre y jamás envejece. Como el imán, aunque el timonel lo lleve errado largo rato bien hacia donde nace el sol o donde muere, aquella virtud interna por la que ve su propio anochecer no la pierde nunca. Así que, aunque vaya lejos de la patria, aunque mucho merodee y muchas veces en la tierra peregrina hasta anide, aquel amor natural siempre retiene porque hasta la encina a sus hijos reconoce.*

PASTOR FIDO

(Este poema de Pastor Fido apareció publicado en latín, iniciando cada uno de los siete números de "El Habanero". Nota del Editor.)

A continuación, tres notas del Padre Félix Varela, seleccionadas entre muchas, sobre algunas observaciones que lo atacaban personalmente por independentista. Estas aparecieron publicadas en el Diario de la Habana del sábado 8 de abril de 1826 y se relacionan con el Mensaje

Anual del Presidente de los Estados Unidos al Congreso. (N. del E.)

Tenemos derecho por la naturaleza y lo exige el orden eterno de la justicia, sí, tenemos derecho para mejorar nuestro estado físico, político y moral, queremos que nuestro país sea todo lo que pueda ser, y no lo que quieren que sea unos amos tiranos que no pueden conservarlo sino mientras puedan oprimirlo... (228)

... queremos que una leyes justas y un sistema político en que la libertad se concilie con esta misma justicia, nos conduzca a la perfección de las costumbres, y radique cada vez más el sagrado amor de la patria.

Traidores son a la patria, traidores a la humanidad, traidores a las luchas, traidores a su misma conciencia los auxiliadores de los déspotas y opresores de los pueblos.

CARTAS A ELPIDIO

SOBRE

LA IMPIEDAD, LA SUPERSTICIÓN Y EL FANATISMO
EN SUS RELACIONES CON LA SOCIEDAD

Por el Pbro.

D. FÉLIX VARELA Y MORALES

EDICIÓN FACSIMILAR

Introducción por
Humberto Piñera Llera

Epílogo por
Raimundo Lazo

Introducción General por
Rogelio A. de la Torre

EDITORIAL CUBANA
Miami, 1996

BIBLIOTECA DE AUTORES CUBANOS
5
OBRAS DE FÉLIX VARELA Y MORALES
VOL. VI

CARTAS A ELPIDIO

SOBRE

LA IMPIEDAD, LA SUPERSTICIÓN Y EL FANATISMO

EN SUS RELACIONES CON LA SOCIEDAD

Por el Pbro.

D. FÉLIX VARELA Y MORALES

Tomo I

IMPIEDAD

Prólogo por
HUMBERTO PIÑERA LLERA

EDITORIAL DE LA UNIVERSIDAD
DE LA HABANA
1944

Esteban Valderrama

CARTAS A ELPIDIO

TOMO I IMPIEDAD

- Del Prólogo:

… mi objeto no es exasperar, sino advertir.

… hace tiempo que estoy como el yunque, siempre bajo el martillo.

- De la Carta Primera:

… la verdad está en lo alto, es una e inmutable, santa y poderosa, origen de la paz y fuente del consuelo; que habita en el seno del Ser sin principio y causa de todos los seres. (3)

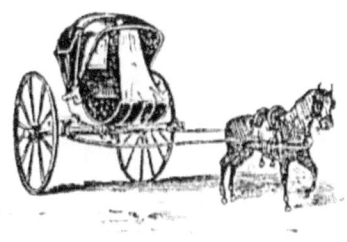

Vense la insensible impiedad, la sombría superstición y el cruel fanatismo, que por diversos caminos van a un mismo fin, que es la destrucción del género humano. (5)

… la amistad es el bálsamo del desconsuelo, y la comunicación de ideas el alivio de las almas sensibles…

Si la experiencia no probara que hay impíos, no podría la razón probar que puede haberlos.

... la impiedad es un monstruo, puesto que sus operaciones contrarían la naturaleza, que puede ser dasatendida pero jamás conquistada. (6)

... el error es el principio de la división.

... la impiedad es más una corrupción que una ignorancia. (6-7)

Por más que diga el impío que no sabe si hay Dios, es fácil descubrir que él no sabe que no lo hay... (7)

... el ateísmo no puede pasar de ser una duda...

... el hombre nunca pierde el sentimiento de justicia y el feliz impulso que lo dirige hacia la verdad... (13)

El contento es fruto de la seguridad, y mientras dudamos de la permanencia del bien, nos causa tanto mayor inquietud cuanto más perfecto. (16-17)

Medita, Elpidio, sobre las doctrinas destructoras de la libertad humana, examina su origen, y verás que sólo tienen por autores, y sólo tienen por partidarios, a los impíos, que no pudiendo superar sus pasiones se declararon esclavos de ellas. (18)

Una religión irracional y una filosofía irreligiosa son dos monstruos del abismo... (20)

... el orden social y la paz de los hombres han sido siempre víctimas de los impíos, como lo han sido también de los supersticiosos y de los fanáticos. (21)

Tú, piadoso Elpidio, sé feliz. (22)

- De la Carta Segunda:

... la impiedad en el cuerpo social destruye todos los vínculos de aprecio, y a la manera de un veneno corrompe toda la masa y da la muerte. El honor viene a ser un nombre vano, el patriotismo una máscara política, la virtud una quimera y la confianza una necesidad. (24)

El impío es hombre del momento, mas el justo es hombre de la eternidad.

... la impiedad, enemiga de la virtud, siembra la desconfianza en los pueblos e impide su felicidad. (25)

Sólo un vínculo interno puede unir a los hombres cuando no pueden ser sometidos a los externos.

Hay, sí, una clase, o mejor dicho, una multitud dispersa de hombres más perversos que ignorantes, cuyo placer es la discordia, cuya ciencia es el engaño y cuyo objeto es la destrucción... (29)

El impío... Es un esclavo cubierto de oro para hacer más visibles los signos de su esclavitud. (31)

Los dos santos principios de la felicidad humana, la justa libertad y la religión sublime están en perfecta armonía y son inseparables.

En nombre de los pueblos se han destruído sus riquezas, muerto sus hijos, destruído sus ciudades y, lo que es más, hollado sus leyes. A este lamentable estado no pudo conducirle sino la impiedad. (32)

No se omite sofisma de ninguna clase para alucinar a la multitud, cuya razón poco ejercitada cede a los impulsos de la imaginación, que se procura acalorar con las terríficas imágenes de tantos desastres. (33)

Sirve también el despotismo de la impiedad, para hacer nulo el poder de las leyes, que son sus enemigas. (35-36)

Los elogios... a los célebres impíos...son unos escollos en que naufragan los pueblos y sobre los cuales levantan su trono los tiranos. (37)

Sí, querido amigo, sobre la roca de la impiedad está elevado, en medio de un mar de pasiones y miserias humanas, el suntuoso fuerte de la tiranía... (38)

MERCADO DE CRISTINA.

... el más cruel de los despotismos es el que se ejerce bajo la máscara de la libertad... (39)

... por la gran potestad que se concede al rey es fácil que degenere en tiranía... (42)

... la tiranía es la mayor corrupción de un gobierno. (44)

No hay duda, el impío, el déspota y el tirano son tres clases de rebeldes contra la divinidad, cuyo motivo es la soberbia, y todos se dirigen a romper los vínculos que unen a los hombres con el Ser Supremo. (51)

Es... evidente que la impiedad facilita los medios necesarios al despotismo y a la tiranía.

En un pueblo virtuoso es imposible que se erija un tirano.

Preciso es que haya pícaros y necios para que haya tiranos. (52)

Un ejército justo será siempre un consuelo para el pueblo, así como uno inicuo será siempre su infortunio. (55)

Los mismos que han sido víctimas de la ambición, se convierten en ambiciosos cuando falta la virtud... (56)

¡Qué desgracia cuando los intérpretes y depositarios de las leyes son sus impunes infractores!

Una prudencia social, fruto de la moralidad y de la ilustración, es el verdadero apoyo de los sistemas y de las leyes, que en consecuencia adquieren todo su vigor contra los perversos. (59)

¡Qué feliz sería la sociedad, si poniendo freno a las pasiones y obedeciendo a una ley divina, se guiasen los hombres por los sentimientos de justicia y de amor mutuo! (60)

Ábranse las páginas del Evangelio, de ese Sagrado Testamento del autor del Cristianismo, y cada palabra brotará mil virtudes y destruirá mil crímenes. (61)

... el Cristianismo y la libertad son inseparables; y cuando ésta se encuentra perseguida, sólo encuentra refugio en los templos del Dios de los Cristianos. (62)

Es, pues, evidente que el Cristianismo es irreconciliable con la tiranía y que toda sociedad verdaderamente cristiana es verdaderamente libre. (63)

La libertad nada teme cuando la virtud está segura... (64)

- De la Carta Tercera:

Es el vicio como un cáncer que hace insensibles las partes de que se apodera, y de aquí la indiferencia con que oye el criminal los consejos de la sabiduría y lo poco que se cuida de los ejemplos de la virtud. (67)

El hábito de resistir los remordimientos llega a hacerlos mucho menos eficaces; y juzgando de su naturaleza por sus efectos, empieza el hombre a sospechar que su origen es quimérico. He aquí el primer paso de la

impiedad.

... llegando el hombre a querer ser impío, consigue serlo. (68).

¡Qué pesadísimas cadenas, mi amado Elpidio, las que agobian y fijan contra la tierra un espíritu emanación del cielo! (69).

Prodúcese la tristeza del impío no sólo por la incertidumbre de su suerte, sino por la falta del que podemos llamar sustento del espíritu, esto es, la adquisición de la verdad. (74).

Otra fuente de impiedad es el placer que causan a un espíritu malévolo el sarcasmo y la invectiva. (75)

Suelen éstos (los devotos) corresponder también con burlas, que lejos de convencer al impío, sólo sirven para exasperarlo; y he aquí un gran incentivo para la impiedad y un obstáculo casi insuperable para la justa libertad filosófica. (76)

La religión, amado Elpidio, no es un sistema, porque no es obra del hombre, y aunque es cierto que puede sistematizarse, no lo es que se pueda sujetar necesariamente a estos planes puramente humanos. (78)

Los dogmas no se derivan unos de otros como las verdades geométricas y no se pueden establecer principios cuya aplicación nos descubra los misterios.

La verdadera religión no admite duda o disputa alguna; pues si no se cree en Dios, no hay que hablar de religión, y si se cree en Dios no hay que hablar de dudas. (79)

... el sabio es como el sol que ayuda a disipar las nubes que por un momento se oscurecen. (83)

El estudio de estas (las) ciencias, lejos de formar incrédulos, rectifica los creyentes. (84)

En cuanto a la física y la química, es preciso ser muy ignorante en ellas para atreverse a sospechar que puedan servir de apoyo a la incredulidad.

... nadie está más dispuesto a admitir misterios que el físico y el químico. (85)

La expresión de los impíos "no lo admito porque no lo comprendo", no puede salir de los labios de un físico o de un químico ilustrado...

La impiedad, como todos los monstruos del abismo, no puede vivir en una atmósfera pura y tiene por pasto la ignorancia. (87)

- De la Carta Cuarta:

... uno de los medios de que se vale la impiedad para extenderse es suponer que ya está muy extendida. Sin duda, percibirás que este ardid es practicado por todos los partidos, ya políticos, ya religiosos... (93)

Si los hombres se persuadiesen de que este mal tan formidable puede curarse y que su incremento se debe a la apatía de los buenos, verías, mi amigo, disminuída considerablemente, si no extinguida, la impiedad.

¿Cómo deben, pues, tratarse los impíos? Según las máximas del Evangelio. Con caridad y dulzura y al mismo tiempo con firmeza. (93-94)

Nada más opuesto a la conversión que el insulto. (94)

La ligereza en creer cuanto se dice, siempre que sea contra las personas a quienes se quiere impugnar, es un defecto en que incurren los piadosos no menos que los impíos.

Cuando se ataca el vicio sin determinar los viciosos, ninguno quiere ser contado en este número, y nadie se da por ofendido. (95)

Las relaciones sociales jamás deben interrumpirse con grosería. (96)

Verdad que el silencio nada explica, pero no es tan inerte como parece. (98)

Los impíos (en USA) tienen campo libre y los devotos tienen seguridad, pero todo es puramente externo y no es tanto un efecto de las leyes como de la opinión. (100)

¿Qué hay, pues, me dirás, qué hay en este país (USA) que tanto se celebra? Un *tino social*, fruto de la educación y de la experiencia, por el cual los hombres aunque se detesten se respetan... (101)

Mientras no se consiga en los pueblos este *hábito de respeto*, de esta condescendencia social, jamás podrán imitar a los Estados Unidos del Norte de América, sea cual fuere el sistema de gobierno. (101-102)

Un mal defensor hace mala y pierde la mejor causa. (103)

... no hay cosa más sensible que el formar impíos precisamente por defender la piedad... (109)

El mejor medio para obtener, si no una reforma, por lo menos alguna moderación en la conducta religiosa de los jóvenes, es llevarlos con dulzura por la senda del cariño que conduce a la paz y al contento. (110)

Observa, Elpidio, que la juventud propende a la justicia...

El gran secreto de manejar la juventud, sacando partido de sus talentos y buenas disposiciones, consiste en estudiar el carácter individual de cada joven y arreglar por él nuestra conducta. (111)

No debe haber indulgencia alguna con los jóvenes en materia de impiedad, pero conviene que solo perciban nuestro disgusto, y oigan en vez de oprobios, cariñosas insinuaciones. (113)

... los jóvenes siempre aman cuando conocen que son amados...

El que quiera que un joven no tenga religión háblele siempre de ella. (114).

No hay niño que no quiera ser grande en cuerpo y no hay joven que no quiera serlo en ideas y sentimientos.

Deben evitarse todas las cuestiones puramente especulativas y nutrirlos con una cantidad escogida de conocimientos prácticos. Por esta razón, opino que (de 15 a 18 años) es la edad en que más conviene aplicarlos a la música y al dibujo, las matemáticas, la física y la química. (117)

Mi Elpidio, no insultes a mujer alguna, pues todas ellas, en este caso, se convierten en víboras, que jamás lograrás amansar. (125)

- De la Carta Quinta:

...es preciso que los examinemos con la calma de una caridad cristiana y una buena lógica... (141)

Quéjanse justamente de la hipocresía de muchos especuladores, que pretenden ser muy religiosos, solo para ocultar mejor la impiedad y conseguir cuanto quieren declamando contra los impíos.

Quéjanse de la iniquidad con que se ha hecho uso de la religión como instrumento de la política. (142)

Sí, mi amigo, un ánimo piadoso siente tanto la ruina espiritual de otro, que todo lo sufre antes de causarla. (145)

... muchos, equivocando la debilidad con la prudencia, y movidos sólo por el deseo de ganar la estimación, apoyan las injustas quejas de los impíos sólo por ser tenidos por generosos y despreocupados.

El creyente tiene un derecho incontestable para proceder conforme a sus ideas siempre que no infrinja las leyes sociales y mucho menos las evangélicas. (146)

... la indiferencia en religión equivale a la impiedad, porque verdaderamente no cree nada el que sostiene que no importa la elección de lo que se cree. (147)

Las imperfecciones de los pueblos adelantados deben servir de antídoto para el veneno que pueda introducirse en otros menos prácticos. (149)

... el principio de tolerancia religiosa civil ha ido degenerando en el de tolerancia dogmática o puramente religiosa, de la cual resulta una nueva religión... Yo suelo llamarla *la religión de los nadas.*

La verdadera ilustración es el escudo contra los dardos de la falsa ciencia, que tantas tinieblas ha difundido sobre la tierra. (158)

Muchos resisten los ataques del temor, pero muy pocos dejan de ceder a los halagos. (159)

- **De la Carta Sexta**:

... la impiedad es el más horrendo de los monstruos y la más lamentable de todas las calamidades. (161)

Iglesia de la Transfiguración, N.Y.

Enfurécese el impío a la vista de una religión en que encuentran su consuelo millones de seres dichosos, que en vano ha procurado presentar como ilusos...

... cae el impío en la mayor desesperación, pues nada consigue en este mundo y el otro es para él una quimera. (162)

La vida (del impío) es un tormento, pero aún lo es mucho mayor la muerte. (163)

No hay furor más implacable que el que proviene de la vanidad burlada. (166)

... las virtudes de los impíos no son ni verdaderas ni meritorias sino meramente calculadas para la *moral civil.*

Yo espero toda indulgencia si por desgracia dejo hablar al hombre cuando solo quiero que hable el sacerdote. (169)

Permitidme, ilustres mártires del cristianismo, que yo también me atreva a elogiaros, no para agregar cosa alguna a vuestra gloria, sino para excitar en mi alma las dulces emociones que causa su recuerdo. (169-170)

Excusado es decir que no es sólo en las cárceles y en los cadalsos donde se sufren los rigores de la persecución y que el *modo filosófico* puesto en práctica por los enemigos del cristianismo es cruelísimo. (171)

¡Que ridículo es su furor contra los vicios de los católicos, cuando por más que disimulen, no intentan corregirlos sino destruir a los viciosos!... (172)

El bien de los pueblos ha sido siempre el objeto de la Iglesia, no sólo en lo espiritual sino también en lo temporal en cuanto dice relación a la paz y mutua caridad, en una palabra, a la vida eterna que es la única felicidad. (175)

… el furor de los impíos no se calma sino con la destrucción de las personas, bajo el pretexto de que no es posible reformarlas… (180)

No ignoras que si *circunstancias inevitables me separan para siempre de mi patria*, sabes también que la juventud a quien consagré en otros tiempos mis desvelos, me conserva en su memoria, y dícenme que la naciente no oye con indiferencia mi nombre. (181)

(A los jóvenes…) Diles que ellos son la dulce esperanza de la patria, y que no hay patria sin virtud, ni virtud con impiedad. (182) *

… guiado por la antorcha de la fe camino al sepulcro en cuyo borde espero, con la gracia divina, hacer, con el último suspiro, una protestación de mi firme creencia y un voto fervoroso por la prosperidad de mi patria. *

* Frases del Padre Varela usadas por el Santo Padre Juan Pablo II en su discurso en Cuba el 23 de enero de 1998.

BIBLIOTECA DE AUTORES CUBANOS
6
OBRAS DE FÉLIX VARELA Y MORALES
VOL. VI

CARTAS A ELPIDIO

SOBRE

LA IMPIEDAD, LA SUPERSTICIÓN Y EL FANATISMO

EN SUS RELACIONES CON LA SOCIEDAD

Por el Pbro.

D. FÉLIX VARELA Y MORALES

Tomo II

SUPERSTICION

Con un Epílogo acerca de
EL PADRE VARELA Y LAS CARTAS A ELPIDIO
Por el Profesor Raimundo Lazo

EDITORIAL DE LA UNIVERSIDAD
DE LA HABANA
1945

CARTAS

A

ELPIDIO,

SOBRE

LA IMPIEDAD, LA SUPERSTICION Y EL FANATISMO,

EN

SUS RELACIONES CON LA SOCIEDAD.

Por el Presbítero D. Félix Varela.

TOMO SEGUNDO.

SUPERSTICION.

NUEVA-YORK:
EN LA IMPRENTA DE G. P. SCOTT Y Cᴬ.
ESQUINA DE LA CALLE DE JOHN Y GOLD.

1838.

CARTAS A ELPIDIO

TOMO II SUPERSTICIÓN

- **De la Carta Primera:**

Dios no puede comunicar sino una sola e inalterable idea de sí mismo y así es que la religión revelada no puede ser sino *una e inalterable.* (3)

... la religión, ora natural, ora revelada, no puede ser sino una e inalterable y la pluralidad de religiones es el mayor absurdo filosófico.

Ya sea que se adore una divinidad fingida o que se tribute un culto absurdo a la verdadera, es claro que el edificio no puede ser consistente y que su ruina debe oprimir a sus autores. (3-4)

Para el supersticioso, la idea de Dios es un tormento, pues habiéndose fingido uno a su capricho, no encuentra en él los sublimes atributos que distinguen al verdadero... (4)

Tienen los hombres que apelar a la tolerancia, que si bien es una medida de prudencia, también es un signo de división y desconsuelo.

... un político que no quiera sacrificar el bien común a sus sentimientos particulares, deberá propender siempre a la unidad de creencia, como vínculo de la paz social, aun prescindiendo de todas las consideraciones religiosas. (5)

... la superstición hace más daño a las naciones, que la misma impiedad y que la herejía.

... el supersticioso pretende creerlo todo, aunque en realidad no cree en cosa alguna, pues adorar un falso dios, o tributar al verdadero un culto falso, todo equivale a una verdadera infidelidad. (6)

Dios es uno, porque en sus obras no hay contradicción, porque es infinitamente sublime y justo y porque es eterno y por consiguiente inalterable. (7)

... la superstición, es aún mas funesta (que la impiedad) por ser más alevosa. (9)

La superstición. Como creencia es esencialmente varia, por ser obra, o de la soberbia... o del capricho...

No puede haber quietud y consuelo donde no hay uniformidad y constancia. (10)

Es la superstición una *suave* enfermedad, que llega a ser amada por el mismo paciente, y así es que su cura presenta muchas dificultades que vencer. (11)

Cuando el hombre se cree religioso, cuesta mucho persuadirle que es un enemigo de la religión...

El impío nunca niega su impiedad, antes blasona de ella; mas el supersticioso niega serlo, detesta la impiedad y se enfurece contra los que le acusan de ella.

La superstición se opone a toda reforma y no reconoce abusos. (11-12)

... esta antorcha divina brilla tanto más cuanto más la sacuden. (12)

Iglesia de St. James, N.Y.

... no ha habido un solo momento en que me haya pesado ser eclesiástico y muchos en que me he gloriado de serlo. (15)

... por desgracia, *el número de los necios es infinito* y aún por mayor desgracia estos necios son los primeros en erigirse por jueces. (17)

... toda ley, para ser tal, debe ser justa y toda superstición es falsa e injusta. (20)

... en la sociedad de seres pensadores no vale tanto la fuerza como la voluntad. (21)

Llegan, pues, los hombres (supersticiosos) a un grado de obstinación que los hace inaccesibles a todo género de reflexiones que no tiendan a su objeto... (22)

... la *sensibilidad moral* siempre es fruto de la reflexión... (24)

La religión siempre hiere con un torrente de luz, de paz y de consuelo, que no causa otra pena que la de no poder recibirlo; mas la superstición hiere con el desprecio y con la osadía, que la hacen detestable. (29)

El pueblo jamás abandona la religión sino para entregarse a los vicios... (34)

... si el enfermo rehusa tomar la medicina, de nada puede servirle el médico. (36)

La autoridad, que bien usada es un principio de paz y de armonía, llega por su abuso a convertirse en un principio de injusta y degradante opresión, que sin más apoyo que la fuerza, nunca logra ser obedecida por los corazones y por los entendimientos... (37)

Estoy íntimamente persuadido, que todo pueblo supersticioso es esclavo, así como todo pueblo verdaderamente cristiano es libre. (38)

- De la Carta Segunda:

La política, que jamás se para en los medios si convienen a sus fines, se vale gustosa de la superstición como el mejor apoyo de la tiranía, que es el ídolo de casi todos los gobernantes. (41)

Fórmase, pues, un *ídolo del Poder*, que como falsa deidad no recibe sino falsos honores y el que lo ejerce es el primer miserable a quien cautiva.

... el temor congrega otros muchos sacrificadores, que teniendo parte en la acción gubernativa procuran extender el imperio de la arbitrariedad, cuya consecuencia necesaria es la tiranía.

... en lucha las leyes con los mandarines... sólo quedan dos principios protectores: la opinión que anima la sociedad y la religión que rectifica la conciencia. (42)

... si se sustituye a la pura doctrina un fárrago de supersticiones, queda el pueblo sin religión y sin opinión rectificada; de modo que la tiranía no encuentra obstáculo en su marcha.

Yo deseo dar a los gobiernos su verdadero apoyo, que es el amor del pueblo, la justicia de sus leyes y la virtud de los gobernantes. (43)

Yo siempre he tenido por máxima de conducta pensar que los hombres son buenos mientras no me conste que son malos y precaverme como si fueran inicuos, aunque me conste que son santos.

Un gobernante que respeta las leyes, aun cuando aumenta errores está seguro del aprecio popular; mas si se erige en árbitro de la suerte de los hombres debe esperar las maldiciones de éstos. (43-44)

... la superstición siempre encuentra medios de cohonestar y santificar las injusticias. (44)

Una cosa es decir que debe obedecerse por evitar males mayores y otra cosa es legitimar la injusticia. (45)

... no hay supersticioso que no sea o no finja ser creyente. (51)

La Iglesia es el conjunto de los creyentes bautizados, que guiados por la luz de la fe, unidos con el vínculo de la caridad, animados por la consoladora y bien fundada esperanza y nutridos con los santos sacramentos, corren por la senda de la virtud y de la paz hacia el centro de la felicidad, bajo el eterno pastor que es Cristo y su vicario que es el Papa. (55)

Los príncipes justos nunca temen revoluciones que son efectos de la desesperación y esta siempre lo es de la injusticia. (64)

... la desesperación nunca reflexiona.

Los amantes de la verdad son perseguidos bajo el vago y mero pretexto de ser sospechosos. Este terminito funestísimo es el signo de exterminio para que se ceben sobre víctimas inocentes los satélites de la tiranía y de la superstición, mientras la religión y la justicia lamentan la pérdida de sus defensores. (65)

... la poderosa voz de la experiencia me impide el consuelo de un engaño halagüeño.

... la mera resistencia al crimen es un placer de que no me privaré sino cuando me falte la vida.

- De la Carta Tercera:

Como debe impedirse la superstición. La primera de estas medidas es la *paciencia*. (67)

El deseo de una cura instantánea inasequible es un obstáculo para otra cierta, aunque morosa.

La precipitación es la prueba más evidente de la debilidad humana, así como la mesurada espera lo es de la heroica fortaleza.

No queremos dejar nada que hacer a nuestros venideros: he aquí el modo de no dejarles nada hecho.

La vanidad humana quiere siempre ostentar sabiduría y poder. (68)

Deseo que los esfuerzos para contener la superstición sean continuos y que jamás se haga tregua con ella, mas también deseo que un fanatismo político no destruya la obra del sensato patriotismo y de la pura moral.

Yo deseo en los reformadores el *sentimiento* producido por la *meditación,* dirigida por la caridad, la honradez y el verdadero patriotismo. (69)

... hacer experimentos en la política son aún más arriesgados que en la medicina.

El hombre está obligado a procurar su perfección y la de la sociedad en que habita... (72)

Yo no me instruyo con lo que otro sepa ni me mantengo con lo que otro coma.

... es un deber sembrar, y si el fruto no puede producirse en tiempo que lo recojamos, no por eso debemos ser menos activos en nuestra caritativa operación...

La *pereza* ha encontrado siempre un apoyo en la *fingida prudencia* y de aquí se han originado males incalculables. (73)

Preciso es haber perdido el juicio para creerse excusado de hacer el bien... (74)

Todo medio violento es inútil e inicuo, y así, no tratemos de la fuerza, que sirve para manejar bestias, mas no entendimientos. (75)

La inmoralidad nunca produce sino males y el que empieza por robar nunca consigue convencer. (77)

Si lo que se pretende es destruir, ningún medio es tan fácil como la injusticia; pero si se quiere edificar, es preciso poner por fundamento el aprecio. (78)

Yo abomino la hipocresía, cualquiera que sea su forma, pero creo que no debe confundirse con ella la prudencia.

No debemos calcular sobre lo que queremos que hagan los pueblos sino sobre lo que ellos querrán hacer... (81)

... lo que podemos llamar *felicidad social* no es conciliable con la violencia.(82)

Han escrito que... *las ideas no se matan a balazos*, y yo agregaría: y tampoco se disipan con insultos.

- De la Carta Cuarta:

... no puede haber sólido bienestar sin religión, ni verdadera religión sin autoridad. (86)

La *novedad,* sí, mi Elpidio, la novedad es el móvil principal de esta gran máquina...(la superstición). (91)

... en mi opinión, hay pocos pueblos tan supersticiosos como el de los Estados Unidos de América. (99)

El placer de la victoria es mucho mayor cuando el enemigo tiene una completa defensa.

... acaso no hay un hombre más afecto que yo a este país, en el que he permanecido por tantos años. (100)

Yo soy en el afecto un natural de este país, aunque no soy ciudadano...

No hay pueblo en que los impostores religiosos encuentren tan buena acogida como en éste.
¡Qué cierto es que sólo la verdad es atacada y que los errores se patrocinan mutuamente! (111)

... me considero recompensado con el placer que me causa decir la verdad sin consideraciones humanas. (131)

- De la Carta Quinta, Tolerancia Religiosa.

Creo que deben distinguirse tres clases de tolerancia, una *teológica, otra social, y otra legal* o civil. (133)

La tolerancia teológica se refiere a los dogmas, y así equivale a la admisión de todos ellos o por lo menos a la indiferencia.

La tolerancia religiosa *social* consiste en la prudencia de no mortificar a nadie con motivo de su religión.

La tolerancia legal sujeta a sus infractores a un castigo.

De las tres clases de tolerancia, sólo la legal puede existir con toda perfección, la social es muy difícil, y la teológica es imposible.

¿Quién puede conceder que un dogma envuelva en sí mismo la aprobación de su contrario, que es decir, la confesión de su falsedad? Es preciso que el dogma no sea dogma y que sólo repitamos palabras sin entenderlas. (135)

El proselitismo es una infracción de la tolerancia teológica, o mejor dicho, una prueba de que no existe.

Viven, mi Elpidio, y mueren en el seno de la Iglesia romana muchos que nunca tuvieron noticias de ella. (139)

¿Quiénes son los verdaderos inocentes, que sin embargo de creer las herejías no son herejes? He aquí un punto que dejamos a la justicia divina... He aquí el verdadero tolerantismo. (140)

... la tolerancia teológica sólo puede ser *aparente,* pero en realidad ni existe ni puede existir.(151)

... la tolerancia religiosa, civil o social... no es más que una consideración política y como tal es toda aparente y sólo se guarda para no alterar la paz y hacer desagradable la sociedad. (151-152)

La tolerancia religiosa social nunca pasa de una medida de prudencia, sugerida por la necesidad y acompañada de compasión y a veces de desprecio hacia los que profesan otra creencia. (152)

Observa Elpidio, cuando se trata de leyes y de reglas todo va bien, pero en los sentimientos no hay tolerancia. (165).

En cuanto a la tolerancia legal... procede con imparcialidad y firmeza cuando se trata de asegurar la libertad de conciencia sancionada por la constitución. (169-170)

... la tolerancia legal perfecta no es una quimera.

1999 Copyright Lee Ramos and Associates Inc.
FELIX VARELA SENIOR HIGH SCHOOL
Miami-Dade County Public Schools

Padre Félix Varela Monument - 9445 Coral Way, Miami, Florida

Revista
CUBANA

EDITADA POR LA
DIRECCION DE CULTURA
SECRETARIA DE EDUCACION
LA HABANA, CUBA

VOL. IV

Nos. 10 - 11 - 12   Octbre. - Novbre. - Dicbre.

1 9 3 5

REVISTA CUBANA Vol. IV 1935

El Padre Varela y la Independencia de la América Hispana
Francisco González del Valle
La Habana, 20 de Noviembre de 1935

- Del: DICTAMEN DE LA COMISIÓN DE LAS CORTES ESPAÑOLAS DE 1823 SOBRE EL RECONOCIMIENTO DE LA INDEPENDENCIA DE LAS AMÉRICAS

... los comisionados... probablemente no harán más que perder el tiempo, sufrir desprecios, y volver diciendo simplemente lo que todos sabemos: que los americanos quieren ser independientes... (34)

... la tendencia de aquel gabinete... todos pedían nada menos que nuestra esclavitud, como si dijeran: *sed vosotros y los americanos esclavos que es lo que conviene a los déspotas.* (35)

Es innegable, que por muchos años debe renunciar la España a toda tentativa hostil contra las provincias insurreccionadas de América, pues concluída nuestra actual lucha, cuya duración no sabemos, será preciso, si se quiere afianzar la libertad, no dividir nuestra fuerza, que nunca será mucha, por el estado de decadencia en que se halla y debe quedar la nación.

La América insurreccionada ya no se pacifica; será preciso subyugarla, y para eso se necesitaría un grande ejército que no se separase ni un momento de allí... (36)

... los pueblos que ya se creían pacíficos no han tardado más tiempo en insurreccionarse, que lo que tardaron en perder de vista las tropas que los dominaron.

La propensión casi innata de los americanos a la independencia no procede únicamente de resentimientos sino del natural deseo que tienen los hombres cuando se reúnen en grandes masas de gobernarse por sí solos cuando acertada o equivocadamente se consideran capaces de ello.

Desengañémonos; sea cual fuere la transacción que se haga con los americanos, sólo perderá España lo que ya no puede conservar... (37)

... y no rompamos de una vez los vínculos que la misma naturaleza nos inspira conservar.

... estipulen toda clase de tratados sobre las bases que se consideren más a propósito, sin excluir las de independencia, en caso necesario.

revista bimestre cubana

VOL. L
1942
Segundo semestre
(julio – diciembre)

Amargura 302
Apartado 214
LA HABANA

Mausoleo de Félix Varela en el
cementerio de Tolomato (San Agustín)

REVISTA BIMESTRE CUBANA
Vol. L, 1942

- **De: Cartas Inéditas del Padre Varela. 1835-1848.**
Artículo de Francisco González del Valle.

En esas cartas (a Elpidio), yo me propuse combatir una errónea creencia relativa a éste país. Mis compatriotas creen que aquí existe una completa tolerancia religiosa, lo que no es verdad.
(62)
(De la entrevista con A. Angulo Guridi en Savannah Georgia, 1851)

… aquí no existe la tolerancia que se pondera y se elogia. Pues porque yo empecé a combatir ese error, mis paisanos se desagradaron, y lo supe por varios conductos. ¡Me censuraron por eso!…
(62-63)

Sólo puedo contestar a tu carta melancólica recordándote nuestro deber de conformarnos con la voluntad de Dios. Mi separación de mi patria es inevitable, y en esto convienen mis fieles amigos. Acaso yo he tenido la culpa por haberla querido demasiado, pero he aquí una culpa de que no me arrepiento.
(64. 70.)
(De la carta a su hermana en Cuba, 30 de diciembre de 1842)

Debió usted haber dicho que *Caballero* fue uno de los hombres de gran mérito, con gran influencia y en constante ejercicio de ella, que ha vivido 72 años y ha muerto sin enemigos. Aquí está querido Luz, aquí está el gran prodigio y el mayor elogio que puede hacérsele al *incomparable Caballero. (65)*
(De la carta a Luz y Caballero, 2 de junio de 1835. Por la muerte del Padre J. A. Caballero)

Debe hacerse una edición completa, (de las obras del P. Caballero) sin dejar absolutamente nada, *en la inteligencia de que todo es oro.*

He visto en papeles de esa ciudad que se corrió en ella la noticia de mi muerte.
Es la segunda vez, y dicen que a la tercera va la vencida. Sin embargo yo me hallo mejor que nunca…(67)
(De la carta a sus hermanas, N.Y. enero 20 de 1839)

Me ha faltado el acierto mas no el deseo de ser útil a la humanidad doliente. (67)
(De la Carta a Luz y Caballero, 5 de junio 1839. Referente a los aparatos para hospitales).

De veras que si hubiera de escribir el tercer tomito que debía tratar del fanatismo me bastaría observarme a mi mismo, pues soy el primer fanático, puesto que casi siempre me he lanzado a hacer el bien sin tener medios para ello.   (Ibid., sobre las Cartas a Elpidio).

… mis Cartas a Elpidio que contienen mis ideas, mi carácter y puedo decir que toda mi alma…(69)
(De la carta a Luz y Caballero, 23 de agosto de 1839)

Yo soy mi mundo, mi corazón es mi amigo y Dios mi esperanza. (69)

¿Conque quieres mi retrato? Te lo mandaré cuando pueda costearlo, y en miniatura porque nunca tendré medios para más. Habrá tres o cuatro años que mandé uno a las monjas carmelitas porque un amigo de ellas lo costeó, pues de lo contrario nunca hubiera ido. (71)
(De la carta a su hermana. N. Y. 30 de Diciembre de 1842)

El paraje es muy agradable para mi por ser muy retirado, pues parece una ciudad separada del resto del mundo. Hay un continuo silencio por la poca población y porque las calles no estan empedradas sino cubiertas de arena. En fin, el que padezca de la cabeza puede venir a curarse a este buen clima y a esta silenciosa ciudad. (72)
(De la carta a su hermana desde San Agustín, Florida. 20 de julio de 1848)

Placa Iglesia de la Transfiguración

• EL • FIGARO •

Dos entrevistas con el Pbro. D. Félix Varela

Date of request: 6-14-88	Not needed after	Requester's order no. 05422	B REPORT

INTERLIBRARY LOAN
UNIVERSITY OF MIAMI LIBRARY
CORAL GABLES, FL 33124

For use of: Nunez   Status: Faculty   Dept. Library

Book author, OR periodical title, vol. and date
El Figaro, Havana
vol. XX, No. 23, 1904

Book title, edition, place, year, series OR periodical article author, title, pages
"Dos entrevistas con el pbro. Felix Varela" +(Index of El Figaro)
pps. 350 to end.
Havana, Cuba: 1904]

Verified in: item cited in OCLC/ UiLS 1966 2:1558
ISBN, or ISSN, or LC card, or OCLC, or other number if known OCLC# 6345220
If non-circulating, & cost does not exceed $ 15.00 , please supply ☐ Microfilm ☐ Hard copy

Photoduplication Services
Harvard University
Widener Library
Cambridge, MA 02138

Request complies with:
☐ 108 (g) (2) guidelines (CCG)
☐ other provisions of copyright law (OCL)

AUTHORIZED BY (FULL NAME): _____
Title: Tumrukota, ILL borrower

Request for ☐ LC
According to the A.L
REPORTS: Ch
SENT BY ☐ LU
Chg $
Date sent
DUE
RESTRICTIONS:
☐ Copying not perm

NOT SENT BECAU
☐ Non Circulating
☐ Request of
Estimated Cost of:

BORROWING LIB
Date received
Date returned
By ☐ Library rate ☐
Postage enclosed $
RENEWALS:
Requested on
Renewed to

Catedral – Basilica de San Agustin

EL FÍGARO No. 28, 1904

Dos entrevistas con el Pbro. D. Félix Varela
Más sobre las entrevistas de A. Angulo Guridi con el Padre Varela. Savannah, Ga. 1851.
(Ver Cartas Inéditas. Revista Bimestre Cubana)

Pensamientos escritos en el álbum de Angulo Guridi:

Así como una sola estrella guía al nevegante a quien las otras extraviarían, una sola religión guía al creyente a quien extraviarían las diversas incorrectas sectas.

No hay más que una desgracia, y es separarse de Dios, por lo cual son felices todos los justos, y desgraciados todos los perversos.

La libertad sin virtudes es el mayor castigo de la soberbia, que pronto se avergüenza y se arrepiente de sus errores.

La superstición, el fanatismo y la impiedad son los tres grandes martirios del alma.

THE LIFE

OF

SAINT TERESA,

FOUNDRESS OF THE REFORMATION OF THE BAREFOOTED CARMELITES.

BY THE REV. ALBAN BUTLER.

TO WHICH IS ADDED,

THE

NOVENA OF SAINT TERESA.

REVISED AND APPROVED BY THE
VERY REV. FELIX VARELA, V. G

PHILADELPHIA:
PUBLISHED BY HENRY McGRATH,
703 MARKET STREET.
1859.

ANTONIO HERNANDEZ TRAVIES

EL PADRE VARELA

BIOGRAFIA DEL FORJADOR DE LA CONCIENCIA CUBANA

*PREMIO EMILIO BACARDI MOREAU, 1948
*PREMIO MEJOR BIOGRAFIA.
DIRECCION DE CULTURA.
MINISTERIO DE EDUCACION. CUBA, 1949.

EDICIONES UNIVERSAL

EL PADRE VARELA

- De: Biografía del Forjador de la Conciencia Cubana. 1949. 1984.
Antonio Hernández Travieso

"El objeto de la New York Catholic Temperance Association (1840) es abolir la intemperancia sin imponer privaciones innecesarias, y prevenir los males que en esa materia suscitan la hipocresía y el fanatismo". (421-422)

... para los que concientemente sienten necesidad de la abstinencia absoluta (del licor), también ofrecemos la oportunidad de practicarla por el mismo juramento. (422)

"Pudiera argüirse, no obstante, y reforzándolo con la experiencia, que al menos que una abstinencia absoluta prevalezca, el alcoholismo jamás podrá ser erradicado. A ello respondemos que el *totalismo* queda implícitamente impuesto en nuestro juramento, para aquellos que lo requiriesen sin necesidad de una nueva promesa". (422-423)

"Simplemente tratamos de auxiliar a los que están necesitados de restricción, (de bebidas alcohólicas), y de avisar a los que no lo están, o que se hallen temerosos de encontrarse en la contingencia de ser reprimidos". (423)

"Por todo esto, concluyo, anhelamos que nuestra Sociedad alcance su laudable objeto y que los amigos de la temperancia la apoyen en orden a promover la mayor gloria de Dios y el verdadero bien social".

félix Varela
OBRAS
El que nos enseñó primero en pensar

Eduardo Torres-Cuevas
Jorge Ibarra Cuesta
Mercedes García Rodríguez

Tomo II

OBRAS FÉLIX VARELA Tomo II

Eduardo Torres-Cuevas. Jorge Ibarra Cuesta. Mercedes García Rodríguez. La Habana, 1997

- **Sobre la Independencia de Las Américas. 1823.**

... yo no veo que en las Cortes anteriores se aprobó la cesión de las Floridas sin embargo de ser esto mucho más duro, porque aquí solo se trata de acomodarse a la imperiosa ley de la necesidad, a lo que están obligados las Cortes. (96)

... si la independencia de América es ya una cosa de hecho, la ley de la necesidad exige se reconozca... (99)

... aquí no se trata de emancipar, sino de poder resistir la emancipación. (111)

Aunque la verdad no agrade a muchos, tendré el consuelo de haberla dicho. (112)

- **De las cartas a J.R.Poinsett. 1825**

El nuevo gobierno que se estableciere tendría a su disposición infinitos medios, pues estoy bien seguro que serán muy contados los individuos que espontáneamente no ofrezcan sus personas y capitales al servicio de la patria y para consolidar el nuevo orden de cosas. (297)

España, amigo mío, es un cadáver. Y no puede dar de sí más que corrupción y principios de muerte. Nada hay que esperar.

Yo conozco a mis paisanos, y si por desgracia yacen en una lamentable apatía, no por esto carecen de un carácter firme y pundonoroso, y acaso la idea de ser vejados es la que más puede moverlos a una resistencia... (298).

El partido más fuerte que existe entre los independientes de la isla está porque ella se constituya por si sola...

- De la contestación a la carta aparecida en el Correo político de Trinidad. (julio de 1825)

Cuando yo ocupaba la Cátedra de Filosofía del Colegio de S. Carlos de la Habana pensaba como americano; cuando mi patria se sirvió hacerme el honroso encargo de representarla en Cortes, pensé como americano; en los momentos difíciles en que acaso estaban en lucha mis intereses particulares con los de mi patria pensé como americano; cuando el desenlace político

de los negocios de España me obligó a buscar un asilo en un país extranjero por no ser víctima en una patria, cuyos mandatos había procurado cumplir hasta el último momento, pensé como americano, y yo espero descender al sepulcro pensando como americano. (300)

- Sobre Instrucción Pública. (De El Mensajero Semanal, Junio 1829).

Las ideas presentadas por los escritores son unas ofrendas hechas al público para que las admita o deseche libremente, y a nadie ofenden cuando no son efecto de la animosidad. (304)

Es un error creer que la instrucción pública está adelantada, cuando lo están las ciencias.

Las ciencias son como los grandes edificios que se ponen en venta pública, pero ya se entiende que están excluidos del concurso nueve décimos de la sociedad.

Si fuese dable formar un pueblo de sabios, lo sería de felices...

La riqueza científica es como la material, que si no se esparce, presenta el cuadro lastimoso de un país rico habitado por un pueblo pobre.

Los sabios, confundidos en una masa bárbara son como las perlas en el cieno, que no solo son inútiles sino que están en peligro de ser sumerjidas.

En todas las cosas humanas entra como elemento la vanidad y las pervierte. (305).

... un pueblo puede ser ilustrado sin grandes institutos, y muy bárbaro teniéndolos.

... el estado de las ciencias no es el exponente de la ilustración de un pueblo. (306).

La práctica de pensar es la que facilita el acierto, y cuando un pueblo no tiene, por decirlo así, medios para pensar, no puede esperarse que adquiera dicha práctica. Antes al contrario, se familiariza con la idea de su incapacidad, deja a otros el cuidado de discurrir, y se constituye en masa inerte.

Es una verdad inconcusa en moral, en legislación y en política, que nadie puede justificar sus negligencias con las de otro, y que solo cuando se han hecho todos los esfuerzos para llenar un deber, puede obtenerse una justa aprobación aunque desgraciadamente no se haya conseguido el efecto deseado. (306-307)

El fomento de la instrucción pública es (en toda forma de gobierno) una obligación que puede llamarse popular. (307)

La necesidad de instruir a un pueblo es como la de darle de comer, que no admite demora. (310).

Se necesita un gran tino, instrucción y prudencia para enseñar a un niño las primeras ideas religiosas. (311).

- **Consejo a los casados. Revista La Moda. Carta a un primo 1829.**

... el hombre prudente y de honor jamás sufre nada que pueda degradarle, pero disimula, y aun afecta que no percibe todas las que se llaman impertinencias o caprichos. (313)

... cuando dos personas se resignan a sufrirse mutuamente son felices.

Mira que no hay cosa más ridícula que un hombre celoso... (314)

... el modo de infamar a una mujer es que su marido tenga celos de ella...

También procura, no con palabras sino con obras, persuadir a tu mujer de que para tí nada hay en el mundo primero que ella...

La gratitud entra siempre en el amor, y el arte de ser amado es amar.

- **Carta con Tomás Gener. Septiembre 1824**

En nada debe haber más prudencia que en la manifestación de la verdad. (328)

No juzguemos según nuestros deseos, sino conforme a fundadas esperanzas. (329)

Estamos muy lejos de aconsejar un temor hijo de la cobardía, pero es nuestro deber aconsejar una precaución hija de la prudencia. Un sacrificio inútil en la vida social es un triunfo para los sacrificadores, que no honra a la víctima. (330)

- De "Espíritu Público". Revista Bimestre. Enero 1834.

Los medios de promover el bien social se distinguen del deseo de promoverles: aquellos forman las ciencias políticas y ecónomo-políticas; este constituye lo que llamamos espíritu público, y el mejor medio de crearlo, es suponer que existe. (375)

¿No es una crueldad, por no decir una infamia, desanimar a los buenos, haciéndoles creer que sus esfuerzos serán vanos por no tener compañeros? (376)

¿Acaso es el crimen y no la virtud el vínculo social?

No nos alucinemos; un pueblo de perversos es un ente tan imaginario, como un pueblo de insensibles.

Existe sí, existe el espíritu público, y mucho más en los pueblos, cuyas circunstancias proporcionan pábulo a esta llama que destruye el crimen y acrisola la virtud.

La desgracia de haber errado, desanima a los pueblos no menos que a los individuos, pues confundiendo la timidez e irresolución con la prudencia, se pretenden evitar nuevos errores, cometiendo el gravísimo del abandono.

Las continuas insinuaciones de los escritores llegan a fastidiar a la muchedumbre, que empezando por desatenderlas, acaba por despreciarlas.

La ilustración y la moralidad. He aquí los dos grandes objetos de la reunión de los amantes de la patria. (377)

No faltan planes; sino recursos: mas estos no se adquieren con arengas, sino con trabajos.

La indolencia es el cáncer de la prosperidad.

La reunión de los medios debe ser permanente, para que lo sea su aplicación y por consiguiente sus resultados.

La brillantez halaga la vanidad, pero no consolida la virtud.

El espíritu habituado a lo recto, siente una repugnancia, y encuentra gran dificultad en acomodarse al crimen; y de aquí el dicho antiguo: nadie es perverso de repente. (378)

Los pueblos no se corrigen con arengas sino con prácticas virtuosas.

Prediquen con el ejemplo y cada palabra será un precepto.

¿Pero dónde estan esos predicadores? ¡Dónde! ¡Ah! dondequiera que se halle un patriota.

La riqueza real en unos, y el deseo de aparentarla en otros, sirven de incentivo a la vanidad, y de obstáculo a la virtud, que jamás se aviene con la inacción…

... la riqueza no es más que el medio de hacer bien, y el rico que sabe serlo vale más por su virtud a prueba de la abundancia, que por los mismos bienes que posee...

La práctica de la religión, su creencia y su respeto son cosas muy distintas. Muchos practican sin creer, otros creen mas no practican, y otros por último ni creen ni practican, pero respetan la religión. Sería de desear, que todos creyesen y practicasen; mas este es un don de Dios, y a sus ministros toca preparar los ánimos para recibirle. En el orden social puede y debe exigirse el respeto a la religión aun de los que no la creen, ni practican; y ninguno que la ataca, tiene derecho a llamarse patriota. (379)

... no puede jactarse de patriota el que quiere sujetar la sociedad a experimentos innecesarios. (381)

La juventud ama lo recto, y sólo es necesario sabérselo presentar.

El mal proviene de una funesta preocupación fortificada por el tiempo, y protegida por el hábito; de una preocupación contra la cual todos claman, y de la que casi todos son víctimas; de una preocupación que consiste en persuadirse que sólo el gobierno es quien debe procurar la prosperidad pública. (382)

VIDA

DEL PRESBÍTERO

DON FÉLIX VARELA

POR

JOSÉ IGNACIO RODRIGUEZ

NUEVA YORK
IMPRENTA DE "O NOVO MUNDO"
30 Park Row, "Times" Building
1878

Mausoleo de Félix Varela en el
cementerio de Tolomato (San Agustín)

VIDA DEL PRESBÍTERO DON FÉLIX VARELA

José Ignacio Rodríguez
New York, 1878

"Yo quiero ser soldado de Jesucristo. Mi designio no es matar hombres, sino salvar almas." (6)

- Del Elenco de 1812:

La única regla para adquirir la verdad es el análisis mental. (18)

No debíamos formar juicio ninguno sin previa meditación.

La experiencia y la razón son las únicas fuentes o reglas de los conocimientos en esta ciencia. (Física).

- Del discurso del 25 de octubre de 1812. Misa del Espíritu Santo. Santo Cristo del Buen Viaje.

… solo es prosperidad la que se funda en la virtud. (45)

El amor a la verdad y a la paz… …amor inseparable de la verdadera creencia, es el único principio de la felicidad política.

Yo me ceñiré únicamente a exhortaros a que desatendiendo la voz tumultuosa de las pasiones que encadenan y ponen una tenebrosa cárcel al espíritu humano, oigais la voz apacible aunque enérgica de la razón.

No considereis otra cosa que el bien de la patria, y para conseguirlo, haced que la palabra de Dios sea la luz de nuestro camino...

Meditad y reflexionad vuestra elección; no procedais por un ciego instinto y mera costumbre, que es otro de los principios que inducen a error al entendimiento. (45-46)

Conservad la paz y el sosiego público que debe caracterizar a un pueblo cristiano. (46)

... no es la multitud de enemigos que lleva el vencedor asidos a su carro triunfal, quien trae la felicidad a los pueblos, sino sus virtudes que inspiran unas sabias leyes.

- **Del Elenco de 1816**.

La autoridad divina es la fuente de la verdad, y el que se somete a ella procede con arreglo a la recta razón; pero es muy frecuente el abuso de este principio sagrado, haciéndole servir a las ideas humanas con perjuicio de las ciencias, y ultraje de la revelación. (50)

Atrasa nuestros conocimientos la práctica de no enseñar la ciencia en la lengua nativa, y mucho más cuando se hace en un idioma muerto. (51)

Es un absurdo querer destruir las pasiones humanas; pero es una obra de sabiduría rectificar el uso de ellas. Lo primero, nos haría insensibles e inhumanos: lo segundo nos conserva el derecho de racionales.

Decir que pasa una vida *filosófica* el hombre que, retirado y sin atender más que a sí mismo, vive entre sus semejantes sin interesarse en los bienes de la sociedad, es el mayor absurdo, aunque vemos practicarlo con frecuencia.

El hombre tiene contraída una obligación estrecha con su patria, cuyas leyes le han amparado; y debe sostener sus derechos y defenderla.

Uno de los atrasos de la sociedad proviene de la preocupación de excluir a las mujeres del estudio de las ciencias, o a lo menos no poner mucho empeño en ello, contentándose con lo que privadamente por curiosidad pueden aprender, siendo así que el primer maestro del hombre es su madre, y que esto influye considerablemente en el resto de su educación.

Todo hombre está obligado a tener religión y seguir la verdadera. (52)

A Dios se le debe un culto interno y externo. No está al arbitrio del hombre establecer ese culto, ni alterarlo, debiéndose sujetar precisamente al que ha prescrito Dios.

El mejor método de rectificar el espíritu y hacerlo progresar es *meditar mucho y disputar poco.*

- Del Discurso de entrada a la Sociedad Patriótica. 1817

Todos deben aspirar a la ilustración de su entendimiento. Este es un dictamen de la naturaleza. (57)

Los que se encargan de la enseñanza pública deben no excusar medios algunos de hacerse capaces de tan árduas funciones. He aquí un precepto de la sociedad.

El hombre será menos vicioso cuando sea menos ignorante. Se hará más rectamente apasionado cuando se haga más exacto pensador. (59)

No es la multitud de ideas la que constituye las ciencias; es sí, el orden de ellas el que forma los sabios.

Un magnífico edificio nunca pudo provenir de la aglomeración desarreglada de diversos materiales.

El que piensa bien habla bien. (60)

El verdadero maestro del hombre es la naturaleza. (62)

Estoy persuadido que el gran arte de enseñar consiste en saber fingir que no se enseña.

Vale más acertar con pocos, que errar con todos. (63)

- De las MÁXIMAS MORALES Y SOCIALES. 1818

La Precaución.- No te fies de los hombres antes de experimentarlos; pero no desconfies tampoco sin razón, porque es contrario a la caridad y a la justicia. (67)

La Gratitud.- ... la confesión humilde del agradecimiento mueve siempre al corazón y es agradable a Dios y a los hombres.

La Templanza.- ... Nos enseña a usar los placeres como medios para aliviar nuestro espíritu, y no como objetos en que debe fijarse nuestra alma. (68)

La conmiseración es como el distintivo de la humanidad, pues solo las fieras no se resienten de los estragos de sus semejantes, ni ponen término a su furor.

La prudencia indica al hombre lo que debe elegir, practicar y omitir en cada circunstancia.

La justicia nos prescribe dar a cada uno lo que le corresponde, y es la virtud que sostiene la sociedad.

La fortaleza sostiene al hombre en los peligros: le enseña a sufrir los males; a no vacilar en la abundancia de los bienes; y a emprender grandes obras. (69)

La ira convierte al hombre en una fiera, privándole de todo el uso de su razón. ... Amemos al malo y aborrezcamos su maldad: pero mientras no se corrija, manifestemos el rigor que merece.

La desesperación siempre es irracional, y jamás tiene fundamento...

La Venganza.- Prueba la venganza un alma débil y rastrera... y es una necia complacencia...

La alegría exalta el alma, y es como el gran resorte de sus operaciones...

La tristeza debe moderarse con todo empeño, porque un alma triste es un alma decaída o abatida; y en el abatimiento no pueden ejercerse acciones grandes. (70)

La Inquietud.- ... Corrige tu interior, y no te digas: "Si tuviera... yo sería feliz". La mayor sabiduría es contentarse con poco; porque el que aumenta sus riquezas aumenta sus cuidados.

La Ingenuidad.- El hombre ingenuo desprecia los artificios de la hipocresía, se pone de acuerdo consigo mismo, y jamás se embaraza en sus operaciones: tiene bastante valor para decir la verdad, y le falta para mentir. El hipócrita opera de un modo contrario a sus sentimientos...

La Modestia.- ... No te alabes a ti mismo, porque no granjeas sino el menosprecio. ...Una burla picante es la ponzoña de la amistad; y el que no puede contener su lengua no vivirá con quietud.

- De: La Oración Fúnebre de Carlos IV. 1819

Yo no elogio a un hombre, yo pido por un Rey... Fue un hombre y como tal sujeto a las miserias... (97)

Yo no lo presentaré como el dechado de las perfecciones, sino como un Rey amante de su pueblo, dotado de un alma franca y sencilla, digna de gratitud por lo que hizo, y de una justa consideración por lo que dejó de hacer. (98)

Una multitud de hijos de la naturaleza dirigen sus votos al cielo en favor de un soberano a quien deben la vida civil. ...acoge a los expósitos, y les concede todos los privilegios de la legitimidad... (100)

- De: La Lección Preliminar de 1818.

"La verdad, la virtud, serán los objetos de nuestras investigaciones. La naturaleza, esta madre universal de los mortales, guiará nuestros pasos, rectificando nuestro espíritu oscurecido por las preocupaciones, extraviado por las costumbres, e inerme por la irreflexión". (103)

La emulación rara vez llega a ser racional, y por lo regular degenera en un encubrimiento de pasiones despreciables. (104)

Entre nosotros nadie sabe, y todos aspiramos a saber.

Los conocimientos que se adquieren son bienes comunes, y los errores no son defectos mientras no se sostienen con temeridad.

... yo renuncio al honor de ser aplaudido por la satisfacción de ser útil.

Otros conocen la verdad; pero son débiles para seguirla. (105)

- Del Artículo a la Revista Cubana, Febrero de 1832.

... se me proporciona ahora una ocasión muy honorífica para salir de esta ominosa apatía, y consagrar a mi patria los frutos de algunos momentos que en su obsequio robaré al descanso, (289)

Sí, amigos mios; yo velo cuando todos duermen y trabajo cuando todos reposan. Yo gozo de la vida cuando todos dejan de gozarla, y sólo me veo libre cuando la sociedad importuna yace encadenada.

En estos silenciosos momentos (pues son las doce de la noche) al través de las tinieblas que cubren la helada naturaleza, mi activa imaginación solo me presenta esqueletos vegetales, aguas empedernidas, animales casi yertos, montes de nieve y llanuras desoladas... (290)

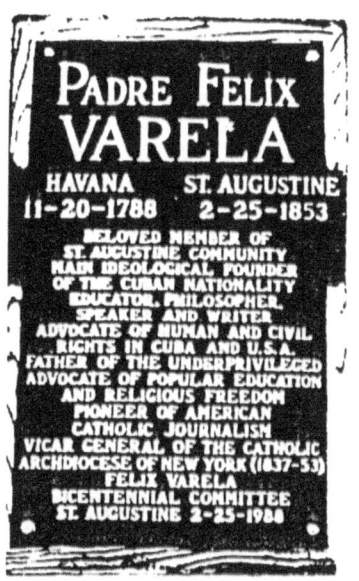

... un grato recuerdo me saca de esta región de inercia, y me trasborda al vergel de las Antillas, donde todo está animado. Veo aquellos árboles frondosos, aquellos inquietos arroyuelos, aquellos copados montes, y aquellas floridas llanuras, que tantas veces recordaría, y tan pocas contemplaba.

¡Cuán cierto es que la belleza debe ser esquiva, y que la sal de los placeres es su carestía!

... yo estoy entre ustedes, a todos veo, a todos hablo...

Cautela, mis amigos; sí, cautela. Es preciso contar con la miseria humana, que dañándose a sí misma todo lo trastorna; y viene a ser la inocencia el juguete de la perversidad, como la instrucción lo es de la autorizada ignorancia, y a falta de razones suple la calumnia.

No hay que echarlas de fuertes contra la adversidad, antes debemos echarlas de prudentes para precaverla; y en nada se necesita mas juicio que en aspirar al heroísmo.

Tienen las ciencias, como la santa Religión, que es la primera de ellas, el gran poder de calmar los ánimos, aproximándose a la Divinidad; y los hombres de todos los partidos se dan un ósculo de paz en el templo de la sabiduría, cuyos frutos siguen al espíritu, cuando el sepulcro guarda para eterno olvido las míseras pasiones que tanto lo agitaban. (290-291)

... cuando el enemigo está emboscado, pasemos a lo lejos dejándolo en el bosque donde rabie a sus solas, en pena de su artificio.(291)

- Sobre la Distribución del Tiempo.-

No formar plan en que se ocupen todos los momentos del día, sino aquellos que probablemente puede esperarse que serán ocupados. (333)

Muchos por aspirar a una ocupación continua, pasan la vida en una *ociosidad constante y laboriosa*.

La constancia en la observación del plan de vida que nos proponemos es una garantía para el buen resultado...

No desanimarse por la interrupción que sufra la observancia del plan propuesto.

Aspirar a la perfección, pero contentarse con la medianía. El desagrado con que ésta se mira es efecto de la vanidad, por más que se cubra con títulos más honrosos.

- Máximas para el Trato Humano.-

Pensar bien de todos los hombres, mientras no nos conste que son malos; pero precaverse de ellos, como si efectivamente lo fueran. (333)

La gran prudencia social consiste en no manifestar estas precauciones que ofenderían, y evitar el escollo de la hipocresía o falso carácter.

No debemos, pues, negar nuestras ideas, pero tampoco debemos manifestarlas sin necesidad.

El medio de evitar el ofendernos por las malas acciones de los hombres es considerarlos como enfermos.

- Prácticas Religiosas.-

Rezar poco y bien. No por ésto crea usted que me opongo a la práctica de muchos rezos, si es que hay tiempo y disposición de espíritu para hacerlos con propiedad.

En el rezo deben ir las palabras acompañadas con el sentimiento del corazón, y entonces el efecto es infalible. (334)

Tengamos presente que las oraciones son para consuelo, y no para tormento.

- Sobre una controversia filosófica. De una carta a Don Manuel González del Valle. 1840.

... reflexiona que las ciencias pueden considerarse *en sí mismas, o en el método de enseñarlas;* y aunque este debe fundarse en las relaciones de aquellas, es vario en el modo de aplicarlas. (337)

Jamás ha habido un filósofo que se atreviese a negar que un *bien real* es una *utilidad verdadera,* y que un *bien aparente* es una *utilidad falsa.* (340)

... una regla de mi Lógica... toda cuestión que, resuelta afirmativa o negativamente, da un mismo resultado en la práctica, debe desecharse. (342)

Todos los filósofos deben convenir acerca del origen de las ideas, o todos defienden un absurdo. (343)

... he aquí una de las pocas veces que me he ocupado de personas; pero conozco su gran mérito, los amo tiernamente, y más que a ellos amo a mi patria, y por tanto quisiera que el raudal de sus conocimientos corriese más lentamente para que regase y no destruyese las hermosísimas flores que en el campo de la juventud cubana han producido y producen sus desvelos. (344)

Mi discípulo Don Nicolás Manuel de Escobedo, que tenía entonces 15 o 16 años, me leía diariamente, y notando algunas cuestiones especulativas... me preguntó con su natural candor y viveza: *Padre Varela : ¿ para qué sirve ésto ?* Confieso que me enseñó más con aquella pregunta que lo que yo le había enseñado en muchas lecciones... Nada más me dijo y me hizo pensar por muchos años. (345)

- **Palabras en su lecho de muerte, según los sacerdotes Sheridan y Aubril. Febrero 1853**

Tengo hecha una promesa y quiero cumplirla. Protesto ante Dios y los hombres que he creido siempre y creo firmemente que en esta hostia está el mismo cuerpo, y el espíritu de Nuestro Señor Jesucristo, Salvador del mundo. ¡Venid a mí Señor! (372)

Padre Félix Varela Monument - 9445 Coral Way, Miami Florida

Apendice H. De la exposición de los acontecimientos políticos de España... en que de hecho se disolvieron las Cortes. 1823

Era, pues, absolutamente inevitable la destrucción del Gobierno y de las Cortes, y mucho más cuando se encontraban en medio de un pueblo fanático que creía que no podía ser religioso, si no era esclavo. (412)

... empezaron a emplear más que los medios de guerra los de seducción, bajo el especioso pretexto de que no venían a destruir la libertad de España sino a rectificarla... (414-415)

... fueron vencidos facilmente por los serviles, que se habían enmascarado, dándose un aspecto seductor, pero que distaba mucho de convenir a sus verdaderas intenciones. Los hombres juiciosos percibieron esta trama, pero desgraciadamente fue grande el número de los incautos. (415)

Apéndice L. Del artículo escrito para la "Revista Bimestre Cubana", sobre la gramática de D.V. Salvá.

Nada más común que una Gramática, y nada más raro que una buena. (427)

Los que pretenden que los jóvenes pueden recibir toda doctrina de cualquier modo, y en cualquiera dósis que se les suministre, se olvidan de las muchas vigilias que les ha costado desenmarañar y poner en claro la de los autores que han leído. (428)

No olvidemos que hay unos límites prefijados a nuestro entendimiento como los tiene la ligereza de los ciervos y la fuerza de los leones.

Nada se sabe si nada se practica, y por más que quiera engalanarse la ignorancia con nombres vanos de una afectada exactitud, deja siempre traslucir su triste origen en la misma inutilidad de sus aplicaciones.

La piedra de toque es la experiencia, y el medio de aplicarla es la observación.

Mas el tiempo, que halaga al error permitiéndole que usurpe y goce los honores de la verdad, al fin le destruye, para escarmiento de la sociedad humana y ventaja de la Filosofía.

... y mientras unas generaciones acusan a otras de inertes y poco apercibidas, la naturaleza se burla de todas, ya ocultando el verdadero principio de las cosas, ya probando la inutilidad de conocerlo. (429)

Como la ignorancia siempre es atrevida, y la soberbia siempre es baja, pusieron ambas en ejercicio varias plumas, ciertamente malhadadas, cuyas horribles composiciones procuraron elevarse a la dignidad de clásicas, por medios muy rastreros, que solo sirven de oprobio a los que tuvieron la imprudencia de emplearlos. (433-434)

Conviene mucho evitar que la veneración sirva de velo al error. (434)

Mira el sabio sus descuidos como el sueño, a que le obliga la naturaleza, y en que suele divertir a sus compañeros, que al fin lo despiertan, rien todos, y reina la armonía; o como el polvo que cayó sobre diamantes, y fue disipado al soplo benéfico de la amistad, para que aquellos aumentasen su brillo y ostentasen su riqueza.

No debe sin embargo arredrarse la juventud a vista de tantas dificultades, pues la medianía es un grande honor, en materias en que la perfección es muy rara. (435)

Quiere el tiempo que obedezcamos sus órdenes irrevocables, y castiga severamente a los que intentan detenerle su carrera. (438)

ÍNDICE TEMÁTICO Y ONOMÁSTICO

A
abatimiento: 46, 176
abismo: 115, 120
Abraham: 78
abstinencia: 157
absurdo: 129, 173, 182
abuso: 34, 131s, 172
acaloramiento: 51, 57
aconsejar: 165
acusar: 92, 99, 131, 185
adorar: 130
adulación: 33, 99, 105
adversidad: 179
advertir: 41, 61, 67, 81, 102, 113
afecto: 48, 107, 137,
Africa, africanos: 80, 81
Agramonte, Dr. R.: 64
alabanza: 36, 63, 77
alcoholismo: 157
alma: 45, 47, 50, 55, 59, 63, 65, 71, 77-81, 94, 113, 125, 148, 153, 171, 175, 176
alucinar: 102, 116, 166
ambición: 74, 94, 117

América:121, 137, 143
amigo: 59, 94, 102, 147, 149, 158, 162, 178, 179
amistad: 48, 113, 177, 186
amor: 27, 36, 47, 51, 59, 62, 66, 78, 93, 99, 107, 108, 118, 133, 165, 167, 168, 171
análisis, analizar: 30, 40, 41, 59, 61, 171
Angulo Guridi, A.: 147, 153
ánimo: 31, 34, 104, 107, 123, 168, 180
antorcha: 126, 131
apasiona(do): 31. 41, 45, 174
apatía: 106, 120, 162, 178
aplauso, aplaudido: 34. 67, 78, 178
aprecio..: 57, 115, 133, 136
árbitro: 73, 79, 133
arengas: 167

Arrondo, Ondina: 16
armonía: 45, 116, 132, 186
arrepiento(e): 147, 153
arte: 32, 40, 58, 59, 61, 65, 80. 165, 174
asesino: 97, 101
asesinando: 101
ateísmo: 114
Aubril, R. P. Edmond: 23, 183
autor: 28, 34, 35, 47, 67, 87, 97, 102, 114, 118, 185
autoridad: 32, 35, 46, 72-74, 132, 137, 172
avaricia: 83
azúcar: 93

B
balazos: 136
blancos: 80
bálsamo: 113
Baralt, Luis A.: 67
bárbaro: 95, 105, 164
bautizados: 134
belleza: 42, 67, 179
bestias: 136
Betancourt Cisneros, Gaspar: 20
Borrasca: 101
Bravo de Varona, E.:17
Buen Viaje, Iglesia del 171

C
Caballero, R.P. Agustín: 19, 147, 148
cadenas: 77, 106, 119
café: 93
calma: 123, 126, 180
calumnia: 98, 179
camino: 27, 28, 50, 55, 67, 97, 113, 126, 172
cáncer: 118, 167
capricho: 101, 129, 130, 165
carácter: 92, 99, 100, 122, 148, 162, 181
cárcel(es): 125, 172
caridad: 121, 123, 126, 134, 135, 175
cariño(sas): 122
Carlos III: 23
Carlos IV: 177
Carmelitas: 147
Cartaya Cotta, Perla: 16
Casal, José María: 20
Castigo: 138, 153
Cátedra: 71, 162
católico(s): 125
celo(s): 63, 68, 78, 165
Céspedes, C.M. de: 16
cielo: 97, 119, 177
ciencia(s): 29, 31, 32, 40. 42, 56, 59, 65-67, 115, 120, 124, 163s, 171-174, 180, 182
ciudad: 106, 116, 148s
ciudadano: 74, 77, 137

civil: 62, 77, 124, 125, 137, 138, 177
claridad: 40
cobardía: 165
Cobelo, A. F.: 4, 17
Colegio: 162
Colombia: 93
comisión: 82s, 102, 143
compañeros: 166, 186
compasión: 48, 81, 139
compatriotas: 97, 147
conciencia: 34, 92, 108, 133, 139, 157
concierto: 45
conciliación: 58, 80, 107, 136
confianza: 64, 99, 115
congreso: 74s, 79, 108
conmiseración: 175
conocimiento: 31, 34, 41, 43, 56, 64, 123, 171,172, 178, 182
consejo: 43, 118, 165
conspiración: 94
constancia: 130, 180
Constitución: 71-81, 87, 139
consuelo: 113, 117, 125, 130, 132, 134, 161, 182
contento: 114, 122
contradicción: 104, 130
convencer-convenci--miento: 56, 92, 119, 136
conversion: 121
corazón: 42, 45, 78, 102, 149, 175, 182
corporación: 72
corrección: 30
corrupción: 114, 117, 162
Cortes: 87, 143, 161, 162, 184
costumbre(s): 35, 108, 172, 177
creer: 30, 35, 41, 49, 64, 66, 121, 130, 138, 163, 166, 168
creyente: 120, 124, 134, 153
criollo: 81, 82
cristianismo: 118, 125
cristiana(o): 118, 123, 132, 172
cruel-crueldad: 34,100, 113, 117, 166
Cuba-cubano: 80, 93s, 126, 141s, 153, 157, 178, 183, 184
culto: 51, 129, 130, 173

D
Davy, H.: 21
deber, deberes: 57, 71, 96, 102, 176, 178
débil(es): 57, 71, 96, 102, 176, 178
debilidad: 35, 50, 123, 135
decadencia: 143
deducción: 60

defensa-defensor: 65, 98, 104, 121, 134, 137
definición: 41, 61
derecho(s): 47, 49, 57, 62, 72-77, 81, 95, 100, 105, 108, 124, 168, 173
desapacible: 58
desarreglo: 41
descanso: 178
descarriado: 67
descendientes: 103
desconfianza: 115
desconsuelo: 113, 129
desesperación: 44, 81, 83, 93s, 125, 134, 176
desgracia: 44, 73, 81, 103, 117, 125, 131, 153, 162, 166
designio: 171
desigualdad: 74, 81
despedida: 71, 79
déspota(s): 108, 117, 143
despotismo: 75, 116, 117
desprecio(s): 67, 81, 92, 132, 139, 142
despreciable(s): 34, 41, 58, 60, 62, 178
destrucción: 66, 113, 115, 126, 184
desunión: 76, 104, 107
devoto(s): 119, 121
diálogo: 100
dibujo: 123
Dios: 35, 50, 51, 73, 78, 93, 97, 114, 118s, 129s, 147, 149, 153, 158, 168, 172s, 175, 183
diputado: 76, 87
discípulo: 39, 183
discurrir: 61, 164
discurso(s): 41, 58, 71, 126, 171, 174
disgusto: 93, 122
disputa(r)(s): 43, 61, 119, 173
divinidad: 51, 117, 129, 180
división: 72, 75, 114, 129
doctrina: 28, 35, 46, 65-68, 114, 133, 184
dogma(s): 119, 138
dominio: 47, 57, 102
Dubois, Obispo J.: 22
duda: 64, 87, 114, 119
duermen: 178
dulzura: 121, 122

E

ecléctica: 27, 36
eclesiástico: 97, 131
economía: 41
edificio: 129, 163, 174
editor: 102, (51, 57, 88, 107, 108)
educación: 79, 121, 173
ejemplo(s): 118, 167
ejercicio(s): 29, 36, 61, 76, 147, 185
ejército: 117, 144

El Habanero: 89, 101, 102, 105
El Mensajero Semanal: 163
elección: 124, 172
elenco: 171, 172
elocuencia: 39, 67
elogio(s):71, 77, 116, 148, 177
Elpidio: 51, 109, 113--115, 119, 122s, 127, 129, 137s, 147s
emancipar: 161
empleo(s): 30, 78, 83
emulación: 178
encubrir: 91, 92
enemigo(s): 64, 92, 99, 100, 104, 125, 130, 137, 148, 172, 180
energía: 96, 99
enfermo(s)-enfermedad: 43, 79, 130, 132, 181
enmascarado: 184
enmendados: 27
enseñar: 58, 65, 164, 172, 174, 182
entender: 30, 34, 36, 81, 95, 107
entendimiento: 27, 35 39, 43, 55s, 132, 136, 172, 174, 185
envidia: 44
epítetos: 103
error(es): 30s, 41s, 57, 61, 65, 67s, 75, 94, 105, 114, 133, 137, 147, 153, 163, 166, 172, 178, 185
Escala, R.P. Rafael: 17
Escéptico: 67
esclavo-esclavitud: 71-74, 80-82, 95, 98, 115s, 132, 143, 184
escolasticismo: 61
Escobedo, Nicolás Manuel de: 20
Esfuerzos: 71, 96, 100s, 106, 135, 164, 166
Espada y Landa, Obispo Juán José: 19, 20
España-español: 71, 76, 79, 87, 93, 100, 143, 144, 162, 184
especioso: 184
especulación: 62, 83, 92, 123, 183
especulador(es): 94. 96, 123
esperanza: 44, 51, 105 126, 134, 149, 16
espíritu: 32, 36, 43-46 50, 55s, 59, 78, 119, 166s, 172s, 175, 177, 180s
Espíritu Santo: 171
Estados Unidos: 98, 108, 121, 137
Estévez, R.P. Felipe:17
estoicismo: 62
estrella: 153
estudio: 29, 34, 40, 43, 59s, 64, 71, 120, 122, 173

eterno-eternidad: 63, 108, 115, 126, 130, 134, 180
Evangelio: 118, 121
exasperar: 113, 119
experiencia: 29, 32, 36, 46, 55, 68, 114, 121, 134, 157, 171, 185
experimentos: 135, 168
expósitos: 177
extranjero(s): 61, 99s, 162

F
falsedad-falso: 35, 51, 67, 130s, 138, 181s
fama: 66
familia: 78, 93, 106
fanático: 98, 115, 148, 184
fanatismo: 43, 51, 62, 68, 113, 135, 148, 153, 157
favor(es)
fe: 32s, 126, 134
felices-felicidad: 51, 57, 81, 97, 106, 115s, 126, 134, 136, 153, 163, 165, 171s
feliz: 43, 48, 73, 73, 80, 103, 114s, 118, 176
Fernández Morrell, Marta: 17
Fernando VII: 21
fértil: 102
ficción: 92

fingir: 98, 174
filosofía: 27, 35s, 39, 57, 80, 115, 162, 185
filósofo: 27, 34s, 39, 41, 43, 45s, 57, 65s, 68, 79, 182
filosófico: 59, 64s, 67, 125, 129
firmeza: 92, 96, 121, 139
física(o): 108, 120, 123, 171
Florida: 149, 161
forjador: 157
fortaleza: 48, 64, 78, 135, 175
fortuna: 83, 92
franqueza: 105
frases: 126
fruto(s): 42, 47, 49, 78, 93, 114, 118, 121, 131, 135, 178, 180
fuego: 33, 93, 103
fuente: 35, 48, 57, 87, 94, 113, 119, 171s
fuerte: 48, 79, 116, 162, 179
fuerza: 34, 46, 50, 64, 72, 74s, 78, 81, 98, 103, 131s, 136, 143, 185
funda: 51, 171
fúnebre: 177
furor: 102, 125s, 175
futuro: 95

G

gabinete: 143
garantía(s): 71, 96, 180
García Rodríguez, Mercedes: 159, 161
García Tudurí, Mercedes: 16
Gener, Tomás: 165
generosidad: 97
genio: 67, 77, 79
González del Valle, Francisco: 143, 147
González del Valle, Manuel : 20, 182
gozo: 178
gracia: 42, 126
gracias: 16, 17, 18, 34
gramática: 184
gratitud: 165, 175, 177
groseria: 121
gusto: 42, 58, 61

H

habitante: 103
hábito: 48, 56, 118, 121, 168
hablar: 39, 56, 92, 95, 119, 125
hablando: 106
haciendas: 74
halago: 66, 124
herejía: 66s, 130, 138
Hernández Travieso, Antonio: 155, 157

heterodoxia: 67
hiere: 47, 132
hijo(s): 63, 79, 91, 105, 107, 116, 165, 177
hipocresía: 62, 123, 136, 157, 176, 181
hipócrita: 82, 91, 176
historia: 33, 57s, 61
hombre(s): esta palabra se repite 116 veces.
homenaje: 79
honor(es): 47, 63, 79s, 87, 92, 115, 132, 165, 185s
honradez: 135
honrado: 96
hostia: 183
humano -corazón: 42, 45, 78. –espíritu:59, 78, 172. -genero: 61, 113. -intelecto: 65, 68. – -otros:59, 101, 119, 181

I

Ibarra Cuesta, Jorge 159, 161
ideas: 30, 39-46, 56-61, 64-66, 76, 80, 87, 92, 98, 106, 113, 123s, 136, 148, 163s, 172, 174, 181s
idolatría: 51
ídolo: 132
Iglesia: 77, 125, 134, 138, 189

ignorancia: 32, 43, 50, 64, 66, 81, 114, 120, 179, 185
igualdad: 74, 81
ilusos: 125
inalterable: 129s
ilustración: 56, 61, 118, 124, 164, 167, 174
imágenes: 65, 116
imaginación: 28, 39, 40, 67, 116, 178
imaginar: 28, 92, 103
imán: 107
imitar(la): 28, 40, 59, 121
imparcialidad: 65, 102, 139
imperio: 45, 48, 96, 133, 161
impertinencia: 165
impiedad: 51, 111, 113-126, 130s, 153
imprenta: 77
imprudente: 63, 68, 96
impunidad: 82
inacción: 58, 167
incautos: 184
inconcusa: 164
incrédulo: 120
incurables: 104
independencia: 75, 99s, 143s, 161s
indiferencia: 62, 118, 124, 126, 138
individuo...: 39, 47s, 60s, 72-76, 82, 95, 122, 162, 166
indolencia: 102, 167
indulgencia: 122, 125
industria: 47, 49
inéditas: 147, 153
infamar...: 91, 165s
infidelidad: 130
infieles: 64
infractores: 117, 138
ingenio: 29, 32s
ingenuidad: 92, 176
inglés..: 64, 67, 80, 87
ingratitud: 62, 64
inicuo(s): 117, 133, 136
iniquidad: 123
injuria: 41, 79
injusticia-injusto: 62s, 74, 97, 100s, 123, 131-136
inmoralidad: 136
innatas...: 65, 144
Inocencia-inocente(s): 74, 134, 138, 179
inquietud: 114, 176
inseparable: 116, 118, 171
inspira...:35, 51, 65, 76, 81, 99, 102, 144, 172
instrucción: 42, 163s, 179
instrumento: 78, 100, 123
insulto: 121, 136
insurgente: 99
insurrección: 93

intemperancia: 157
interés: 45, 48, 60, 62, 78, 80, 103
intérprete: 45, 47, 117
invectiva: 119
inventomanía: 67
ira: 44, 48, 176
irreflexión: 43, 177
irreligiosidad: 51
Isaac: 78
Isla: 80, 82, 93-106, 162

J
Jacob: 78
James, St.:22
Jefferson, Thomas: 87
Jesucristo: 171, 183
Jonatán: 77
jóvenes: 43, 51, 122, 126, 184
jueces: 131
juez: 43, 101
juicio(so): 28-31, 34, 42, 58s, 87, 136, 171, 179, 184
Junín: 21
juramento: 157
justicia: 72s, 81, 99, 101, 108, 114, 118, 122, 133s, 138, 175
justo: 47, 57, 67, 115, 117, 130, 134, 153
juventud: 59, 61, 71, 91, 122, 126, 168,

183, 186

K
Kant: 67, 68

L
La Habana: 77, 79, 102, 105, 107, 143, 161s
labios: 55, 80, 120
Lamennais: 66, 67
Lazo, Raimundo: 109
lección: 50, 177
Lecciones: 35, 37, 39, 51, 57, 183
lecho: 183
lectura: 42
legal: 74, 137-139
legislador-legislación: 47, 164
legitimar: 134
lengua-lenguaje: 40, 43, 105, 172, 177
leones: 185
letrado: 77s
ley-leyes: 36, 48-50, 71, 73-76, 81s, 96, 104s, 108, 116-118, 121, 124, 131, 133, 139, 161, 172s
libertad: 49, 71-82, 95, 97, 100, 105, 108, 114, 116-119, 139, 143, 153, 184
libre: 45, 73, 75, 81s, 88, 98s, 107, 118, 121, 132, 163, 178
libros: 33s, 42

lobos: 82
locura: 28
lógica: 27, 30, 61, 123, 182
luz: 39, 47, 132, 134, 172
Luz y Caballero, José de la: 10, 20, 148

M
McCadden, J. and H.: 16
Madan, Cristobal: 20
madre: 49, 173, 177
maestro: 39, 59, 173s
mal-males: 32, 34, 41, 44, 48, 56, 63s, 67, 79, 83, 95, 103s, 107, 120s, 157, 168, 175
mala(s)-malo(s): 44, 47, 80, 102, 104, 133, 176, 181
maldiciones: 133
malicia: 64, 74, 106
mansión: 73, 79
Manual de Práctica Parlamentaria: 87
mar: 101, 116
Martí, José: 10, 23
martillo: 113
mártires: 125
máscara: 115, 117
matar: 171
matemáticas: 123
materialismo: 65
materialistas: 65, 66

máxima(s): 91, 102, 104, 121, 133, 175, 181
medianía: 180, 186
médico: 132
medicina: 32, 132, 135
meditación: 42, 78, 135, 171
medita(r): 43, 94, 114, 172s
mélange: 67
memoria: 28s, 40, 56, 60s, 71, 80, 95, 126
mente: 29, 39, 64
mercantil: 93
mérito: 46, 58, 79, 147, 182
método: 34, 59, 173, 182
México: 93
miedo: 33, 79, 98, 102
milagro: 50
millones: 125
Misa: 171
miserable(s): 81, 101, 132
misterio(s): 119s
moderación: 42, 59, 96, 122
modestia: 177
modo filosófico: 125
monjas: 149
monstruo(s): 114s, 120, 124
Monte, Domingo del: 20
moral;-fuerza: 64, -cuerpo: 73, -virtud: 97,

-estado:108, -civil:125,
-sensibilidad:131,
-pura:135, -verdad
inconcusa:164
Morales, Bartolomé: 19
Morales, María J.: 19
Morales, Rita: 23
moralidad: 64, 118, 167
morro: 98
muchedumbre: 167
mudo: 77
muerte: 48, 74, 81, 115, 125, 148, 162, 183
mujer(es): 123, 165,173
Muller, F.J. :17
mulatos: 80
multitud: 64, 115s, 172, 174, 177
música: 45, 123

N
nación: 62, 71, 73s,76s, 83, 143
naturaleza; cerca de 100 citas en el texto, -don, -imitar, -observar, etc...
necesidad: 28, 50, 68, 87, 95s, 104, 115, 139, 157, 161, 164, 181
necio: 117, 131
negocios: 96, 162
negro: 80
New York: 157, 171
Newton, I.: 46
niño: 106, 123, 164

novedad:31, 46, 60,137
Núñez, Ana Rosa:5, 16s

O
obedecer..: 32, 35, 50, 118, 132, 134, 186

observación: 45, 55, 61, 180, 185
obstáculo: 41, 78, 82, 119, 133, 135, 167
océano: 82
ociosidad: 180
odia(o): 41, 46, 57
olas: 79, 101
operar: 48, 97, 99, 104
operaciones: 44, 48, 56s, 61, 71, 74s, 114, 176
opinión: 36, 63, 92s, 95, 103, 106, 121, 133, 137
opresor-opresión: 74, 97, 99s, 108, 132
oprimir-oprimido:74, 108, 129
oprobio: 95, 122, 185
O'Reilly, M.: 19, 23
oración: 177
órdenes: 105, 186
orgullo: 66
oro: 47, 116, 148
osadía: 132
ósculo: 180
ovejas: 82

P
pacífico: 94, 104, 144
padre(s): 35, 67, 78, 105, 107, 126, 143, 147s, 153, 183
país: 81-83, 94, 98, 102s, 106-108, 121, 137, 147, 162s
paisano(s):106, 147,162
palabra(s): 27s, 30, 40, 45, 56, 60, 80, 104, 118, 138, 165, 167, 172,182s
panteísmo: 208
Papa:134
papel: 101s, 148
partido(s): 65, 91, 97, 104, 120, 122, 162, 180
pasión: 41, 46s, 67
pasiones: 27, 32, 36, 40s, 44, 46, 48, 50, 57, 72, 75, 96, 103, 115s, 118, 171, 173, 178, 180
pastor: 107, 134
Patria: 46, 51, 62-64 77-92, 94-100, 102, 106, 108, 126, 147, 162, 167, 172s, 178, 182
patriota: 62-64, 91, 94, 96-98, 106, 167, 168
patriotismo: 50, 115, 135
paz: 113, 115,122, 126, 130, 132, 134, 138, 171s, 180
pedantismo: 43

peligro: 30, 100, 102, 104s, 163
penas: 50, 73
pensador-pensadores: 42, 45, 131, 174
pensamiento:41, 61, 76, 153
pensar: 39, 42s, 55, 92, 94, 97, 102, 104, 133, 164, 181, 183
pérdida: 49, 63, 105, 134
peregrina: 107
pereza: 136
perfección: 30, 36, 65, 103, 108, 135, 138, 180, 186
perla(s): 43, 163
persecución: 125
perseguida(os):118,134
persona(s): 34, 42, 48, 67, 74, 102, 105, 121, 126, 162, 165, 182
personal…: 29, 62, 98s, 107
perturbación: 44
perversidad: 57, 179
perverso(s): 50, 57, 63, 115, 118, 153, 166s,179
pícaro: 91, 117
piadoso: 115, 121, 123
piedad: 122
piedra: 185
Piñera Llera, H.: 109
Pitágoras: 46
Placer(es):48, 58, 63s,

79, 115, 119, 134, 137, 175, 179
plan: 46, 57, 92, 180
pluralidad: 129
poder: 72s, 75-82, 99, 106, 116, 132, 135
poderosa: 67, 113, 134
Poey, Felipe: 20
Poinsett, J. R.: 161
política(o): 62, 64, 71, 75-77, 80, 82, 91-93, 95-98, 100s, 105-108, 115, 123, 129, 132, 135, 138, 162, 164, 171
popular: 63, 133, 164
precaver...: 102, 133, 179, 181
precaución-precavido: 106, 165, 175
precipicio: 102
predicadores: 167
prejuicio: 34, 65
premios: 50
preocupacion(es): 56, 63, 78, 80, 168, 173, 177
Presbítero: 171
Presidente: 87, 108
preso: 93
prisión-prisiones: 93
prever-previsión: 95
primo: 165
príncipes: 33, 134
proclama: 74, 93
profanados: 91
profesores: 61

promesa: 157, 183
prosélitos: 92
proselitismo: 138
prosperidad: 62, 94s, 126, 167s, 171
provincia: 76, 143
provincialismo: 62
proyecto: 71, 80, 82
prudencia: 92, 102, 118, 123, 129, 136, 138s, 164-166, 175, 181
prudente: 77s, 80, 98, 165, 179
publicación: 81s
público(s): 80, 96, 163, 166, 172
pueblos: 33, 57, 72-74 79, 83, 103, 108, 115, 121, 124s, 136s, 144, 166s, 172
pundonoroso: 162

Q
quimera: 48, 57, 115, 125, 139
quimérico: 118
química: 120, 123

R
razón: 32-36, 39, 41-48, 57s, 73, 78, 96, 99, 102, 114, 116, 123, 149, 171s, 175s, 182
rebeldes: 117

rebelión: 105
raciocinio: 29, 34, 40, 60
rectificar...: 43, 60s, 103, 173, 184
recto: 50, 55, 57, 167s
recursos: 34, 49, 63, 77, 101s, 167
reflexión: 29, 131
reflexionar...: 39, 61, 65, 100,105s, 131, 134, 172, 182
reforma(s): 122, 126, 131, 135
refugio: 105, 118
regla(s): 28-30, 40, 57, 61, 87, 139, 171, 182
religiones: 50, 129
religiosa(o): 62, 68, 97s, 115, 120, 122-124, 124, 130, 137-139, 147, 164, 181, 184
remedio: 83
remordimiento: 118
renuncia...: 44, 48, 72, 73, 77, 79, 95, 105, 143
respeto: 35, 121, 168
retrato: 149
revelación: 50, 172
revista: 141s, 145s, 153, 165s, 178, 180
revolución: 93, 96s, 99s, 104
ruina: 95s, 102, 123, 129
riqueza: 94, 116, 163, 167s, 176, 186
Rey: 76,101, 117, 177
rezar-rezo: 181s
robar(é): 136, 178
Rodríguez, José I.:169s
Román, Obispo Agustín: 3, 12, 16, 18
Rousseau: 67

S
saber: 40s, 56, 59, 67, 95, 103, 174, 178
sabiduria: 27,35s,50, 78, 118, 135,, 173, 176, 180
sabio: 32, 35,42s, 50, 59, 78s, 119, 163, 174, 186
sacerdote(s): 125, 183
Saco, José A.: 20s
sacrificio(s): 63, 79, 95, 102, 104s,166
sagrado: 108, 118, 172
sal: 58, 179
salud: 30, 39
Salvá, D.V.: 184
Salvador: 183
salvar: 106, 171
Salvat, Manuel: 18
sangre:101s
santo(a): 36, 78, 113, 117, 126, 154, 171, 180
sarcasmo: 103, 119
satélites: 134
sectas: 153

seguridad: 49, 80, 114, 121
sembrar: 135
semejantes: 44, 47, 173, 175
sencillez: 30, 40, 91
sensaciones: 59s
sensato(s): 94, 104, 135
sensualista: 65
sentido(s): 27s, 30, 32, 59-61, 65
sentimiento(s): 48, 71, 79, 92, 114, 118, 123, 129, 135, 139, 176, 182,
Señor: 74, 77-79, 183
sepulcro: 79, 126, 162, 180
servil...: 34, 184
Sheridan, R.P.: 183
siglo(s): 46, 95
signo(s): 30, 45, 57, 59, 116, 129, 134
silencio...: 95, 105, 121, 149, 178
sistema: 65, 68, 72, 92, 108, 118s, 121
Smit, Marc Andries: 4, 17
soberanía: 50, 72-75, 177
soberano: 75, 177
soberbia: 36, 43s, 117, 130, 153, 185
sociedad(es): 31, 49s, 63, 72, 78, 94, 100, 118, 131, 133, 135, 138, 158, 163, 168, 173-176,178, 185
sofisma: 116
sol: 107, 119
soldado: 171
sospechar: 118, 120, 134
súbditos: 50, 101
suerte: 67, 73, 82, 97, 101, 119, 133
sufrir(se): 30, 48, 165, 175
sufrimiento(s): 83, 93s
superstición: 51, 113, 129-137, 153
supersticioso(s): 115, 129-134, 137
suple: 55, 179
sustento: 119

T
talento: 60, 67, 78, 122
tea: 43
temeridad: 48, 178
temor: 63, 65, 79, 95, 100, 106, 124, 133, 165
temperancia: 157s
templo(s): 118, 180
teológica: 137s
testamento: 118
tiempo(s): 32s, 36, 57, 60, 66, 76, 79, 81-83,

94s, 99, 101, 107, 113, 121, 126, 135, 143s, 168, 180s, 185s
tierra: 94, 97, 107, 119, 124
timidez: 106, 116
tinieblas: 50, 124, 178
tino: 121, 164
tiranía: 81, 98s, 116-
-118, 132-134
tirano(s): 33, 74, 79, 108, 116
título: 47, 62, 180
tolerancia: 124, 129, 137-139, 147
tolerantismo: 138
Tomás de Aquino, St.: 36
tormento:125, 129, 182
Torre, Rogelio de la:109
Torres-Cuevas, E.: 161
trabajo: 29, 41, 47, 49, 58, 71, 167, 178
traducir: 40, 56
traidor(es): 108
trama(s): 97, 184
tranquilidad: 31, 83, 95, 104
tregua: 135
Trinidad: 162
tristeza119, 176
triunfo: 166
trono: 101, 116
tropas: 144

U
Ultraje: 98, 172
uniformidad: 29, 130
unión: 82, 94, 97, 100
usurpación: 49
útil: 28, 31, 39, 57, 60, 96, 148, 178
utilidad: 66, 77, 98, 102, 182

V
Valiente, D. José P.:77s
Valor: 80, 97, 176
vanidad: 39, 125, 135, 164, 167, 180
Varela, Félix: 4-24, 67, 107
Varela, Francisco: 19
Varona, Lesbia: 17
Vejados: 162
venalidad: 47
veneno: 115, 124
veneración: 33, 185
verdad...:27s, 31s, 34s, 40s, 45s, 49s, 56, 58, 61, 63s, 66-68, 76, 78, 82s, 93, 95s, 98, 101, 105s, 113s, 118s, 121, 124s, 128s, 132-138, 147, 158, 161, 164s, 171-178, 182, 184s.
vergel: 179
verguenza: 93
Vicario: 134
vicio: 51, 57, 75, 118,

121
victima(s): 115, 117,
134, 162, 166, 168
victoria: 46, 137
Victoria, Guadalupe:21
vida: 31, 34, 44s, 56,
58, 74, 125s, 134s,
166, 171, 173, 177s,
180
vínculo(s): 48, 50, 83,
104, 115, 117, 130,
134, 144, 166
violencia(s): 73, 103, 136
Virgen de la Caridad:12
virtud(es): 48, 50, 57,
62, 73, 76, 79, 91,
96-98, 107, 115, 117s,
133s, 153, 166-168,
171s, 175, 177
virtuoso: 117
voluntad: 31, 33, 49s,
75, 82, 99, 131, 147
voz: 36, 80, 94, 96,
102, 134, 171, 172

Y
Youth Friend, The : 22
Yugo: 58
yunque: 113

Z
Zelada, Rogelio: 4, 17

Otros libros publicados en la
COLECCIÓN FÉLIX VARELA
(Obras de pensamiento cristiano y cubano)

815-2	MEMORIAS DE JESÚS DE NAZARET, José Paulos
833-0	CUBA: HISTORIA DE LA EDUCACIÓN CATÓLICA 1582-1961 (2 vols.), Teresa Fernández Soneira
842-X	EL HABANERO, Félix Varela (con un estudio de José M. Hernández e introducción por Mons. Agustín Román)
867-5	MENSAJERO DE LA PAZ Y LA ESPERANZA (Visita de Su Santidad Juan Pablo II a Cuba). Con homilías de S.E. Jaime Cardenal Ortega y Alamino, D.D.
871-3	LA SONRISA DISIDENTE (Itinerario de una conversión), Dora Amador
885-3	MI CRUZ LLENA DE ROSAS (Cartas a Sandra, mi hija enferma), Xiomara J. Pagés
888-8	UNA PIZCA DE SAL I, Xiomara J. Pagés
892-6	SECTAS, CULTOS Y SINCRETISMOS, Juan J. Sosa
897-7	LA NACIÓN CUBANA: ESENCIA Y EXISTENCIA, Instituto Jacques Maritain de Cuba
903-5	UNA PIZCA DE SAL II, Xiomara J. Pagés
921-3	FRASES DE SABIDURÍA (Ideario), Félix Varela (Edición de Rafael B. Abislaimán)

LIBROS PUBLICADOS POR EDICIONES UNIVERSAL EN LA COLECCIÓN CLÁSICOS CUBANOS:

1) 011-9 ESPEJO DE PACIENCIA, Silvestre de Balboa
   (Edición de Ángel Aparicio Laurencio)
2) 012-7 POESÍAS COMPLETAS, José María Heredia
   (Edición de Ángel Aparicio Laurencio)
3) 026-7 DIARIO DE UN MÁRTIR Y OTROS POEMAS,
   Juan Clemente Zenea (Edición de Ángel Aparicio Laurencio)
4) 028-3 LA EDAD DE ORO, José Martí
   (Introducción de Humberto J. Peña)
5) 031-3 ANTOLOGÍA DE LA POESÍA RELIGIOSA DE LA AVELLANEDA, Florinda Álzaga & Ana Rosa Núñez (Ed.)
6) 054-2 SELECTED POEMS OF JOSÉ MARÍA HEREDIA IN ENGLISH TRANSLATION, José María Heredia
   (Edición de Ángel Aparicio Laurencio)
7) 140-9 TRABAJOS DESCONOCIDOS Y OLVIDADOS DE JOSÉ MARÍA HEREDIA, Ángel Aparicio Laurencio (Ed.)
8) 0550-9 CONTRABANDO, Enrique Serpa (Edición de Néstor Moreno)
9) 3090-9 ENSAYO DE DICCIONARIO DEL PENSAMIENTO VIVO DE LA AVELLANEDA, Florinda Álzaga & Ana Rosa Núñez (Ed.)
10) 0286-5 CECILIA VALDÉS, Cirilo Villaverde
    (Introducción de Ana Velilla) /coedición Edit. Vosgos)
11) 324-X LAS MEJORES ESTAMPAS DE ELADIO SECADES
12) 878-0 CUCALAMBÉ (DÉCIMAS CUBANAS), Juan C. Nápoles Fajardo
    (Introducción y estudio por Luis Mario)
13) 482-3 EL PAN DE LOS MUERTOS, Enrique Labrador Ruiz
14) 581-1 CARTAS A LA CARTE, Enrique Labrador Ruiz
    (Edición de Juana Rosa Pita)
15) 669-9 HOMENAJE A DULCE MARÍA LOYNAZ.
    Edición de Ana Rosa Núñez
16) 678-8 EPITAFIOS, IMITACIÓN, AFORISMOS, Severo Sarduy
    (Ilustrado por Ramón Alejandro. Estudios por Concepción T. Alzola y Gladys Zaldívar)
17) 688-5 POESÍAS COMPLETAS Y PEQUEÑOS POEMAS EN PROSA EN ORDEN CRONOLÓGICO DE JULIÁN DEL CASAL.
    Edición y crítica de Esperanza Figueroa
18) 722-9 VISTA DE AMANECER EN EL TRÓPICO, Guillermo Cabrera Infante

19) 881-0   FUERA DEL JUEGO, Heberto Padilla
             (Edición conmemorativa 1968-1998)
20) 906-X   MARTÍ EL POETA (Poesías), Ricardo R. Sardiña Ed.
21) 826-8   HOMENAJE A EUGENIO FLORIT
             (Edición de Ana Rosa Núñez, Rita Martín y Lesbia de Varona)